Arthur Schopenhauer Die Kunst, glücklich zu sein

Arthur Schopenhauer

Die Kunst, Glücklich zu Sein

Dargestellt in fünfzig Lebensregeln
Herausgegeben von
Franco Volpi

Verlag C. H. Beck München

Vorwort von Franco Volpi

1. Ein verborgenes Handbüchlein der praktischen Philosophie

Schopenhauer hat bekanntlich seinen Ruhm nicht durch das Hauptwerk *Die Welt als Wille und Vorstellung* (1819) erlangt, sondern erst durch die späte Sammlung kleiner popularphilosophischer Abhandlungen *Parerga und Paralipomena* (1851), unter denen die *Aphorismen zur Lebensweisheit* herausragen. Sein Hang zur literarischen Gattung der Traktatistik und sein Interesse für die praktische Lebensweisheit sind allerdings nicht Früchte des Alters gewesen, sondern schon ziemlich früh in seinem Werk präsent.

Vor allem während der Berliner Zeit – nach dem gescheiterten Versuch, seine Vorlesungen als junger Privatdozent in Konkurrenz zu Hegel zu halten, bis zu seiner Flucht aus der von der Cholera heimgesuchten preußischen Hauptstadt (1831) – hat sich Schopenhauer gerne mit der Niederschrift kleiner Abhandlungen beschäftigt, die er offensichtlich für den eigenen praktischen Gebrauch konzipierte und nicht zum Druck gab. Das bekannteste ist die sogenannte *Eristische Dialektik* bzw. *Die Kunst, Recht zu behalten*, die postum aus dem Nachlaß ediert wurde.[1] Sie sammelt 38 Kunstgriffe, die dazu dienen sollen, Auseinandersetzungen und Dispute ohne Rücksicht auf die

[1] Von Julius Frauenstädt (in: *Arthur Schopenhauer's handschriftlicher Nachlaß*, Brockhaus, Leipzig, 1864), Eduard Grisebach (in: *Arthur Schopenhauer's handschriftlicher Nachlaß*, Bd. II, Reclam, Leipzig, 1892), Franz Mockrauer (in: *Arthur Schopenhauers sämtliche*

Wahrheit erfolgreich zu führen. Sie bringt einem machiavellische Züge und Schliche bei, mit denen man den Gegner – wie beim Fechten – besiegen kann, egal ob man im Besitz der Wahrheit ist oder nicht.

Die kleine Abhandlung zur Eristik ist nicht die einzige dieser Art. Schopenhauer hat weitere kurze Traktate im gleichen Stil verfaßt, darunter ein Handbüchlein der praktischen Philosophie, das – im Aufbau und in der Gliederung nach Regeln – der *Eristischen Dialektik* ähnelt. Er nennt es *Eudämonologie* oder *Eudämonik*, wörtlich: *Lehre von der Glückseligkeit*, freier: *Die Kunst, glücklich zu sein.* Ein echtes Kleinod, das bisher im Nachlaß verborgen und unbeachtet geblieben ist.

Wie erklärt sich aber das mangelnde Interesse für diese Abhandlung, die sich schon beim ersten Blick als ein goldenes Büchlein ausnimmt, als ein wertvolles *livre de chevet*, dessen sich jeder bedienen kann?

Eine Erklärung wäre, daß man sich ungerne bei einem Meister des Pessimismus Auskunft über Glückseligkeit holt. Kein Wunder also, daß niemand auf den Gedanken kam, im Nachlaß Schopenhauers nach einer Kunst der Glückseligkeit zu suchen. Im Horizont des düsteren Pessimismus, der das Bild Schopenhauers bestimmt hat, war dessen Entwurf einer Kunst,

---

Werke, hg. von Paul Deussen, Bd. VI, Piper, München, 1923) und Arthur Hübscher (*Der handschriftliche Nachlaß*, Bd. III, Kramer, Frankfurt a. M., 1970, dann Deutscher Taschenbuch Verlag, München, 1985). Eine von mir besorgte Ausgabe ist auf italienisch bei Adelphi, Mailand, 1991, [18]1998, und auf deutsch bei Insel, Frankfurt a. M., 1995, [2]1997, erschienen.

glücklich zu sein, fast unvermeidlich dazu verurteilt, übersehen zu werden. Dem konnte auch die Tatsache kaum entgegenwirken, daß Schopenhauer irgendwann einmal anfing, ausdrücklich Notizen, Maximen und Lebensregeln im Hinblick auf die Niederschrift seiner Abhandlung aufzuzeichnen. Selbst der späte Erfolg der *Aphorismen zur Lebensweisheit*, die ja zeigen, daß der metaphysische Pessimismus den Bemühungen um ein glückliches Leben nicht im Wege steht, hat zur Beachtung seines Breviers zum glücklichen Leben kaum beigetragen.

Eine weitere, wohl gewichtigere Ursache dafür, daß man Schopenhauers Traktat übersehen hat, ist dessen unvollendeter Zustand. Im Unterschied zur *Kunst, Recht zu behalten*, die schon im Manuskript als kleine abgerundete Abhandlung erscheint, ist *Die Kunst, glücklich zu sein* in einem groberen Zustand der Bearbeitung abgebrochen und so belassen worden: die 50 Lebensregeln, aus denen sie besteht, sind zu verschiedenen Zeiten aufgezeichnet worden und finden sich in den zahlreichen Bänden und Konvoluten von Schopenhauers Nachlaß zerstreut. Um sich einen Überblick über die Gesamtgestalt des Handbüchleins zu verschaffen, muß man es zuerst rekonstruieren, also dessen Teile wiederfinden und zusammenstellen. Hinzu kommt der Umstand, daß sich einige Maximen in keiner Ausgabe des Nachlasses finden und deshalb in den Originalhandschriften zu suchen sind. Bedenkt man ferner, daß Schopenhauer die im Hinblick auf dieses Traktat gesammelten Notizen ausgewertet hat, um das 5. Kapitel der *Aphorismen zur Lebensweisheit* zu verfassen, das eben »Paränesen und Maximen« enthält, so hat man die wesentlichen Gründe vor Augen, weshalb Schopenhauers *Kunst, glücklich zu sein* bisher keinerlei Aufmerksamkeit auf sich zog.

2. Plan und Entstehung

Wie aber erwachte Schopenhauers Interesse für die Lebensweisheit und die praktische Philosophie? Was bewegte ihn dazu, sich mit der menschlichen Glückseligkeit zu befassen und sich Strategien zu ihrer Erlangung auszudenken?

Sein radikaler Pessimismus erstickt jeden Versuch im Keime, seine Philosophie mit dem Gedanken der Glückseligkeit zu assoziieren: diese erscheint ihm als ein für den Menschen unerreichbares Ziel, und selbst der auf menschliches Leben angewandte Begriff der »Glückseligkeit« ist in der Perspektive seiner pessimistischen Metaphysik nichts mehr als ein Euphemismus. Daraus macht der Philosoph keinen Hehl und erklärt am Schluß der *Eudämonologie* unumwunden: »Die Definition eines *glücklichen Daseins* wäre: ein solches, welches, rein objektive betrachtet, – oder (weil es hier auf ein subjektives Urteil ankommt) bei kalter und reifer Überlegung, – dem Nichtsein entschieden vorzuziehen wäre. Aus dem Begriff eines solchen folgt, daß wir daran hingen seiner selbst wegen; nicht aber bloß aus Furcht vor dem Tode; und hieraus wieder, daß wir es von endloser Dauer sehn möchten. Ob das menschliche Leben dem Begriff eines solchen Daseins entspricht oder entsprechen kann, ist eine Frage, die bekanntlich meine Philosophie verneint«. Er fügt allerdings hinzu: »Die Eudämonologie setzt jedoch deren Bejahung ohne weiteres voraus«.[2] Mit anderen Worten: das philosophische System ist eine Sache, die praktische Lebensweisheit eine andere.

2 -- A. Schopenhauer, *Der handschriftliche Nachlaß*, hg. von A. Hübscher, 5 Bde. (Bd. IV in 2 Teilbänden), Kramer, Frankfurt a.M., 1966–1975, Bd. III, S. 600.

Man soll also nicht von vornherein jede Hoffnung aufgeben und darauf verzichten, sich der Lebensregeln, Maximen und Ratschläge der praktischen Klugheit zu bedienen, um den Widrigkeiten und Schwierigkeiten, die uns das Leben zur Genüge beschert, entgegenzuwirken. Gerade aus der pessimistischen Überzeugung, daß das Leben des Menschen zwischen Schmerz und Langeweile schwankt, daß folglich diese Welt nichts anderes sei als ein Jammertal, fordert Schopenhauer uns auf, sich in dieser Lage eines wertvollen Werkzeugs zu bedienen, das uns Mutter Natur zur Verfügung stellt: der menschlichen Erfindungsgabe und der praktischen Klugheit. Es gilt also, Verhaltens- und Lebensregeln zu finden, die uns bei der Abwendung von Übeln und Schicksalsschlägen helfen, in der Hoffnung, daß wir, wenn nicht das unerreichbare vollkommene Glück, doch wenigstens jene relative Glückseligkeit erlangen können, die in der Abwesenheit des Schmerzes besteht.

In diesem Zusammenhang bieten Philosophen, Klassiker der Weltliteratur, namentlich französische und spanische Moralisten, ein breites Repertoire an Möglichkeiten und erfüllen mit ihren Sprüchen und Sentenzen eine wichtige paränetische Funktion: trösten, beraten, erziehen. Durch die intensive Beschäftigung mit griechischen und lateinischen Klassikern, mit den großen Philosophen aller Zeiten, die er als *magistri vitae* liest, und durch das Studium der indischen Weisheit lernt Schopenhauer die Philosophie nicht nur als theoretisches Wissen zu schätzen, sondern auch als Lebensform und geistige Übung; nicht nur als reine weltabgeschiedene Erkenntnis, sondern ebenso als praktische Lehre und Lebensklugheit. Kurzum, das philosophische Denken ist für ihn nicht nur *docens*, sondern ebenso *utens*, also nicht nur Theorie, sondern auch »Katharsis«, Purifikation, Reinigung des Lebens, die die Rettung des Menschen aus seiner Verfallenheit an die Welt und an den Willen anbahnt.

Schopenhauer richtet sein Augenmerk relativ früh auf die Tradition der Philosophie als praktische Lebensweisheit. Bereits 1814 schreibt der 26jährige Denker in einer Aufzeichnung: »Des *Aristoteles Grundsatz*, in allen Dingen die Mittelstraße zu halten, paßt schlecht zum Moralprinzip, wofür er ihn gab: aber er möchte leicht die beste allgemeine Klugheitsregel sein, die beste Anweisung zum glücklichen Leben.«[3] Im gleichen Jahr findet dann der junge Philosoph eine beinahe definitive Formulierung für die Grundintuition, auf der seine Lehre von der Lebensweisheit basiert, d.h. die negative Auffassung der Glückseligkeit als bloße Abwesenheit des Schmerzes: »Da nun allein das Anschauen beseligt, und im Wollen alle Qual liegt; jedoch aber, so lang der Leib lebt, ein gänzliches Nichtwollen unmöglich ist, weil er dem Gesetz der Kausalität unterworfen ist, jede Einwirkung auf ihn aber notwendig Wollen herbeiführt: so ist die wahre *Lebensweisheit*, daß man überlege, wieviel man unumgänglich wollen müsse, wenn man nicht zur höchsten Asketik, die der Hungertod ist, greifen mag: je enger man die Grenze steckt, desto wahrer und freier ist man: daß man ferner dies beschränkte Wollen befriedige, darüber hinaus aber keinen Wunsch sich erlaube und nun frei die größte Zeit des Lebens als rein erkennendes Subjekt zubringe. Dies ist das Prinzip des *Kynismos*, der insofern unbestreitbar ist.«[4]

3 -- A. Schopenhauer, *Der handschriftliche Nachlaß*, ebda., Bd. I, S. 81–82.

4 -- Ebda., S. 127.

Zu diesen philosophischen Gründen kommen weitere Motivationen biographischer Art. Wir wissen, daß sich Schopenhauer unter dem Druck und dem Schmerz der Enttäuschungen seiner ersten Berliner Jahre um so intensiver mit dem Problem der Lebensweisheit in praktischer Hinsicht beschäftigte. *Die Welt als Wille und Vorstellung* blieb zunächst ohne Erfolg. Die versuchte akademische Laufbahn scheiterte im ersten Ansatz durch die zähe und verbitterte Auseinandersetzung mit Hegel und der Universitätsphilosophie seiner Zeit. Daher das Bedürfnis, Ratschläge und Hilfsmittel, die die Lebensweisheit empfiehlt, zur Milderung des eigenen Leidens und Unglücklichseins anzuwenden.

Aus all diesen Gründen fing Schopenhauer seit 1822 an, ziemlich regelmäßig Sprüche, Maximen, Apophthegmen, Lebensregeln von Denkern und Schriftstellern in einem eigens dafür vorgesehenen Heft aufzuzeichnen, um sie dann für sich und bei der Niederschrift seiner Werke auszuwerten. Man kann sogar genauere Mutmaßungen anstellen bezüglich des Vorhabens, eine Kunst der Glückseligkeit in Form eines Katalogs von Verhaltensregeln zu konzipieren. Der Plan hierzu entstand vermutlich in Zusammenhang mit der Lektüre von Baltasar Graciáns *Oráculo manual.*

Wir erfahren von der Entdeckung des spanischen Jesuiten, Meister des sogenannten »Konzeptismus«, aus einem Brief, mit dem sich Schopenhauer einige Jahre später, am 16. April 1832, an den bekannten Hispanisten Johann Georg Keil wenden sollte, um ihn zu bitten, ihm bei der Suche eines geeigneten Verlegers für seine Übertragung des *Oráculo manual* behilflich zu sein. Er erzählt, er habe 1825 Spanisch gelernt und er könne nun ohne Mühe Calderón lesen. Wir wissen, daß er ungefähr zur gleichen Zeit auch Cervantes und Lope de Vega gründlich las. In dem genannten Brief teilt er Keil mit, er habe seit kurzem den »philosophischen Gracián« gelesen und ihn sofort zu seinem »Lieblingsschriftsteller« erkoren. Kurz darauf entschloß er sich dazu, die ersten 50 Maximen des *Oráculo manual* ins Deutsche zu übersetzen und bot sie dann dem Verleger Brockhaus an.[5]

Es ist nun kein Zufall, daß *Die Kunst, glücklich zu sein*, so wie sie rekonstruiert werden kann, genau 50 Lebensregeln enthält. Diese sind, wie bei Gracián, als Maximen nach französischer Art aufgefaßt und formuliert: also als Betrachtungen, Überlegungen und Bemerkungen, die etwas länger sind als der

5 -- Der Brief an Keil vom 16. April 1832 findet sich in A. Schopenhauer, *Gesammelte Briefe*, hg. von A. Hübscher, Bouvier, Bonn, 1978, S. 131–132. Vgl. auch den Brief an Brockhaus vom 15. Mai 1829, ebda., S. 111–113, und in *Das Buch als Wille und Vorstellung. Arthur Schopenhauers Briefwechsel mit Friedrich Arnold Brockhaus*, hg. von Ludger Lütkehaus, Beck, München, 1996, S. 45–47. Später, zwischen Herbst 1831 und Mitte April 1832, übertrug Schopenhauer sämtliche 300 Maximen des *Oráculo manual* und fand durch die Vermittlung des Freundes Keil einen Verleger, Friedrich Fleischer in Leipzig, der bereit war, seine Übersetzung zu veröffentlichen. Doch die Vereinbarung kam wegen der von Schopenhauer geforderten Bedingungen nicht zustande. Die Übersetzung wurde von Julius Frauenstädt postum ediert: *Balthazar Gracian's Hand-Orakel und Kunst der Weltklugheit*, Brockhaus, Leipzig, 1862.

Spruch, die Sentenz oder der Aphorismus, und in einer Anweisung oder pädagogischen Beratung und Aufforderung bestehen, die gegebenenfalls durch einen kurzen Kommentar erläutert wird, der seinerseits aus einem moralphilosophischen Argument besteht oder ein Beispiel anbietet.

Auch was den philosophischen Inhalt der Lebensregeln betrifft, lassen sich Vergleichsbetrachtungen zwischen Schopenhauer und Gracián anstellen. Etliche Lebensregeln Schopenhauers greifen entsprechende Maximen Graciáns auf. Man entdeckt immer wieder Andeutungen und Verweise, man stößt auf direkte Zitate und Ausdrücke – etwa *desengaño* –, die weitere Belege dafür liefern, daß Schopenhauer bei der Niederschrift seiner *Eudämonologie* sich Gracián als Vorbild vor Augen hielt.

Überhaupt war die Weltanschauung des spanischen Jesuiten derjenigen Schopenhauers so ähnlich, daß dieser bei der Lektüre des *Handorakels* auf Schritt und Tritt Bestätigungen für seine Denk- und Lebensweise fand. Beide standen und lebten auf der festen Grundlage eines desillusionierten Pessimismus und hatten darauf eine Individualethik und Lebensweisheit gegründet, deren Ratschläge bei der Lebensbewältigung Orientierung bieten sollten.

3. Die Niederschrift der Abhandlung und deren Rekonstruktion

Graciáns Vorbild vor Augen, begann Schopenhauer in der Berliner Zeit Notizen zu sammeln in der Absicht, ein Handbüchlein zur Lehre von der Glückseligkeit zu verfassen. Dabei folgt er der Verfahrensweise der freien Assoziation, denn sie paßt besser – wie er in der Lebensregel Nr. 21 erläutert – zum fragmentarischen Charakter des Lebens mit seinen Zufällen. Er wird schließlich 50 Lebensregeln aufstellen, die dazu dienen, das eigene Leben allem Widrigen zum Trotz glücklich führen zu können.

Wenn man nun die verschiedenen Hefte und Konvolute des Nachlasses in chronologischer Reihenfolge sichtet, so kann man alle Fragmente des entworfenen Handbüchleins wiederfinden und sie zu der geplanten, jedoch nicht zustande gekommenen Einheit bringen.

Zur Orientierung des Lesers empfiehlt es sich, einen Katalog der in Frage kommenden Manuskripthefte aufzustellen, auf die im Text und im Apparat verwiesen wird:

1. *Reisebuch*, 176 Seiten, September 1818 bis 1822;
2. *Foliant*, Erster Teil (S. 1–173), Januar 1821 bis Mai 1822;
3. *Brieftasche*, 149 Seiten, Mai 1822 bis Herbst 1824;
4. *Quartant*, 177 S., November 1824 bis 1826;
5. *Foliant*, Zweiter Teil (S. 173–372), Oktober 1826 bis März 1828;
6. *Adversaria*, 370 S., März 1828 bis Januar 1830;
7. *Cogitata*, Erster Teil (S. 1–332), Februar 1830 bis August 1831;
8. *Cholerabuch*, 160 S., 5. September 1831 bis Herbst 1832;
9. *Pandectae*, Erster Teil (S. 1–44), September bis November 1832;
10. *Cogitata*, Zweiter Teil (S. 332–424), November 1832 bis November 1833;

11. *Pandectae*, Zweiter Teil (S.44–371), November 1833 bis 1837;

12. *Spicilegia*, 471 S., April 1837 bis 1852;

13. *Senilia*, 150 S., April 1852 bis zum Tod (21. September 1860).

Anhand dieses Katalogs kann man die Entstehung von Schopenhauers Entwurf zur *Eudämonologie* genau verfolgen:

1. Bereits in der *Brieftasche*, S.78–79 (1822/23 niedergeschrieben), finden sich zwei Fragmente – das eine über den Neid, das zweite über den Einfluß des Charakters auf die pessimistische bzw. optimistische Weltanschauung –, zu denen Schopenhauer am Rande bemerkt, sie gehörten zur *Eudämonologie.*
2. Im Oktober 1826, im *Foliant*, Zweiter Teil, S.174–188, findet man eine erste Ausarbeitung der Abhandlung mit den ersten 30 Lebensregeln, einige hiervon in fast definitiver Form, andere nur skizziert, jedoch mit den entsprechenden Notizen zur weiteren Ausführung.
3. Anfang des Jahres 1828, im *Foliant*, Zweiter Teil, S.362–363, skizziert Schopenhauer eine neue Einleitung zur *Eudämonologie*, die er später in den *Aphorismen zur Lebensweisheit* benutzen sollte. Hier formuliert er anhand von Aristoteles die Hauptkriterien für seine Auffassung des Glücks und der Faktoren, von denen dieses abhängt: a) was einer ist; b) was einer hat; c) was einer vorstellt.
4. In den *Adversaria* arbeitet er die Abhandlung bis zu einem vorläufigen Ende aus: 1828 schreibt er die Regeln 31–35 (S.160–164) und 1829 die Regeln 36–50 (S.269 bis 275).

Dieses aus 50 Lebensregeln bestehende Brevier blieb unveröffentlicht, doch hat Schopenhauer das gesammelte Material zum Teil, nach starker Bearbeitung, in die »Paränesen und Maximen« der *Aphorismen zur Lebensweisheit* einfließen lassen. Das Handbüchlein *Die Kunst, glücklich zu sein* läßt sich demnach als die Urfassung der *Aphorismen* bezeichnen.

4. Die vorliegende Ausgabe

Um das Handbüchlein zu rekonstruieren, wurden zunächst die 50 Regeln nach der in den Handschriften angegebenen Anordnung, also die Texte von Punkt 2 und 4, zusammengestellt. Die zwei Fragmente von Punkt 1 wurden an eine mutmaßlich entsprechende Stelle des Textes eingeschoben und als solche gekennzeichnet. Als Anhang zur so rekonstruierten Abhandlung wurde der neue Entwurf zu einer Einleitung aus dem Jahre 1828 (Punkt 3) hinzugefügt.

Was den Textlaut angeht, so ist Arthur Hübschers Edition zugrunde gelegt: *Der handschriftliche Nachlaß*, 5 Bde. (Bd. IV in 2 Teilbänden), Kramer, Frankfurt a.M., 1966–1975; Nachdruck, Deutscher Taschenbuch Verlag, München, 1985.

Einige Fragmente waren in keiner Ausgabe veröffentlicht und mußten deshalb aus dem autographischen Manuskript transkribiert werden, das mir das von Jochen Stollberg geleitete Schopenhauer-Archiv der Frankfurter Universitäts- und Stadtbibliothek großzügig zur Verfügung stellte.

Im Falle von nur angedeuteten Lebensregeln – wenn der Entwurf aufgrund von Schopenhauers Notizen vervollständigt oder ausgeführt werden konnte, z.B. durch ein Zitat, den Einschub einer anderswo aufgezeichneten Bemerkung oder durch eine Stelle aus *Die Welt als Wille und Vorstellung* – ist dies geschehen und die Textergänzung zwischen spitze Klammern ⟨⟩ gesetzt worden. Textgrundlage war die Ausgabe der *Sämtlichen Werke* Schopenhauers von Arthur Hübscher, 7 Bde., Brockhaus, Wiesbaden, ^{3}1972.

In eckigen Klammern [ ] stehen alle Anmerkungen des Herausgebers, d.h. die Quellenangaben für die einzelnen Textstücke und die Übersetzung fremdsprachiger Zitate mit den entsprechenden bibliographischen Verweisen. Da Schopenhauer oft Klassiker auswendig zitiert und dies kein Zeichen von Lässigkeit, sondern seiner großen Vertrautheit mit ihren Werken ist, sind die Zitate in der Regel so belassen, wie er sie bringt.

Orthographie und Interpunktion wurden behutsam modernisiert und die Schwankungen von Schopenhauers Schreibweise vereinheitlicht. Namen von Schriftstellern und Philosophen sind normalisiert (Göthe ist Goethe, Wolf ist Wolff). In ein paar Fällen sind Zahlen ausgeschrieben worden (statt »unter 4 Augen« jetzt »unter vier Augen«). Unterstreichungen sind statt durch Sperrung, wie in der Ausgabe Hübschers, durch *Kursivierung* wiedergegeben worden. *Kursiv* sind auch Werktitel gesetzt.

Von der so rekonstruierten *Kunst, glücklich zu sein* habe ich 1997 für den Mailänder Verlag Adelphi eine italienische Ausgabe besorgt, die inzwischen [Oktober 1998] schon die 10. Auflage erreicht hat. Es bleibt zu wünschen, daß Schopenhauers Anleitung zum Glücklichsein auch im eigenen Land den gleichen Erfolg erleben wird.

[Die Kunst, glücklich zu sein
oder]
Eudämonologie

[Die Kunst, glücklich zu sein oder] Eudämonologie[1]

Die *Lebensweisheit* als Doktrin wäre wohl ziemlich synonym mit *Eudämonik*.[2] Sie sollte[3] lehren, möglichst glücklich zu leben, und zwar die Aufgabe noch unter zwei Beschränkungen lösen: nämlich ohne Stoische Gesinnung und ohne Machiavellismus anmuten zu sein. Erstere, den Weg der Entsagung und Entbehrung nicht, weil die Scienz auf den gewöhnlichen

1 -- [Der Text bis zur Lebensregel Nr. 30 ist enthalten im *Foliant*, § 124: vgl. A. Schopenhauer, *Der handschriftliche Nachlaß*, hg. von A. Hübscher, 5 Bde. (Bd. IV in 2 Teilbde.), Kramer, Frankfurt a. M., 1966–1975; Nachdruck: Deutscher Taschenbuch Verlag, München, 1985, Bd. III, S. 268–277].

2 -- Siehe Nr. 49.

3 -- Statt dessen [*d.h. statt des ganzen Absatzes von* Sie sollte ... *ab*]: Ich sehe nämlich hier ganz ab von dem höheren und wahreren metaphysisch ethischen Standpunkt, setze daher die von ihm aus sich ergebende Beurteilung des menschlichen Lebenslaufs beiseite und stelle mich hier ganz auf den empirischen Standpunkt des natürlichen Bewußtseins, dem das Leben als Selbstzweck erscheint, deshalb er es auf die angenehmste Weise durchzumachen wünscht. *Vorher*: Diese ganze Auseinandersetzung beruht auf einer Akkomodation und hat daher nur relativen Wert. – Zweitens: dieselbe macht

Menschen berechnet ist, und dieser viel zu willensvoll (*vulgo* sinnlich) ist, als daß er auf jenem Wege sein Glück suchen möchte: letzteren, den Machiavellismus, d.h. die Maxime, sein Glück auf Kosten des Glückes aller Übrigen zu erlangen, nicht, weil eben beim gewöhnlichen Menschen die hiezu nötige Vernunft nicht vorausgesetzt werden darf.[4]

Das Gebiet der Eudämonik läge also zwischen dem der Stoik und dem des Machiavellismus, beide Extreme als zwar kürzere, aber ihr versagte Wege zum Ziel betrachtend: sie lehrt, wie man möglichst glücklich leben kann, ohne große Entsagung und Selbstüberwindung, und ohne grade Andre für gar nichts anderes als mögliche Mittel zu seinen Zwecken zu achten.[5]

Oben an stände der Satz, daß positives und vollkommnes Glück unmöglich; sondern nur ein komparativ weniger schmerzlicher Zustand zu erwarten. Die Einsicht hievon kann aber sehr

keinen Anspruch auf Vollständigkeit: sonst hätte ich Alles, was andere gesagt haben, kompilieren müssen. Eine kurze Eudämonologie gibt Aristoteles, *Rhetorica*, I, 5. Es ist ein wahres Muster von breitem, nüchternem Gewäsche, und grade als ob sie von Christian Wolff wäre.

Sodann *Foliant*, § 270 [d.h. der neue Einleitungsentwurft zur *Eudämonologie*, vgl. unten, S. 97ff.]

4 -- [*Variante:*] weil eben der gewöhnliche Mensch hiezu nicht resolut genug ist und weil diese Methode gar nicht zum Zweck führt, der das wahre, nicht das scheinbare Glück ist.

5 -- (Alles schlecht).

beitragen, uns des Wohlseins, welches das Leben zuläßt, teilhaftig zu machen. Sodann daß selbst die Mittel hiezu nur sehr teilweis in unsrer Gewalt sind: τὰ μὲν ἐφ' ἡμῖν [das in unserer Macht Stehende].[6]

Sodann zerfiele sie in zwei Teile:

1) Regeln für unser Verhalten gegen uns selbst
2) für unser Verhalten gegen andre Menschen.[7]

Vor dieser Trennung in zwei Teile wäre noch das Ziel näher zu bestimmen, also zu erörtern, worin das als möglich bezeichnete menschliche Glück bestände und was dazu wesentlich.

Obenan: Heiterkeit des Gemüts, εὐκολία, glückliches Temperament. Es bestimmt die Kapazität für Leiden und Freuden.[8]

6 -- Zuvor *Foliant*, § 270 [d.h. der neue Einleitungsentwurf zur *Eudämonologie*, vgl. unten, S. 97ff.].

7 -- [*Danach gestrichen:*] (Denn die Behandlung der übrigen tierischen und leblosen Natur kommt hier nur in Betracht, sofern diese auf uns selbst zurückwirkt, und kann daher zum ersten Teil gezogen werden.) [*Am Rande:*] 3) ⟨Regeln⟩ gegen den Weltlauf.

8 -- *Quartant* [1826], § 108: ⟨Nichts ist seines Lohns sicherer als die *Heiterkeit*: denn bei ihr ist Lohn und Tat Eines. [*Anmerkung:* Wer heiter ist, hat immer Ursach es zu sein, nämlich eben die, daß er heiter ist.] Nichts kann so wie sie jedes andre Gut sicher und reichlich ersetzen. Ist einer reich, jung, schön, geehrt; so frägt sichs, ob er dabei *heiter* ist, wenn man sein Glück beurteilen will: umgekehrt aber ist er heiter, so ists einerlei, ob er jung, alt, arm, reich sei: er ist glücklich. – Wir sollen

Ihm zunächst Gesundheit des Leibes, die mit jenem genau zusammen hängt und beinahe unumgängliche Bedingung dazu ist.

daher der Heiterkeit, wann immer sie kommen will, Tür und Tor öffnen. Denn sie kommt nie zur unrechten Zeit: statt daß wir oft Bedenken tragen, ihr Eingang zu gestatten, indem wir uns erst bedenken wollen, ob wir auch Ursach haben, heiter zu sein, oder damit sie uns nicht von unsern ernsthaften Überlegungen und schweren Sorgen abziehe. Was wir durch diese bessern, ist sehr ungewiß: hingegen ist Heiterkeit der sicherste Gewinn: und weil sie ihren Wert allein für die Gegenwart hat, so ist sie das höchste Gut für Wesen, deren Wirklichkeit die Form einer unteilbaren Gegenwart zwischen zwei unendlichen Zeiten hat. Ist also Heiterkeit das Gut, welches alle andern ersetzen, selbst aber durch keines ersetzt werden kann; so sollten wir die Erwerbung dieses Guts jedem andern Trachten vorsetzen. Nun ist gewiß, daß zur Heiterkeit nichts weniger beiträgt als die äußern Glücksumstände und nichts mehr als die *Gesundheit.* Daher sollen wir diese allem andern vorsetzen, und zwar bestrebt sein, den *hohen Grad vollkommner* Gesundheit zu erhalten, dessen Blüte die Heiterkeit ist: aller heftigen oder unangenehmen Gemütsbewegungen; auch aller großen und fortgesetzten Geistesanstrengungen, endlich täglich wenigstens zwei Stunden rascher Bewegung in freier Luft.〉
[A. Schopenhauer, *Der handschriftliche Nachlaß*, Bd. III, S. 238–239.]

Drittens Ruhe des Geistes. Πολλῷ τὸ φρονεῖν εὐδαιμονίας πρῶτον ὑπάρχει [»Verständig zu sein ist der Hauptteil des Glücks«, Sophokles, *Antigone*, 1328 (vv. 1347–48)]. Ἐν τῷ φρονεῖν γὰρ μηδὲν ἥδιστος βίος [»In der Gedankenlosigkeit besteht das angenehmste Leben«, Sophokles, *Aiax*, 550 (554)].

Viertens Äußere Güter: ein sehr kleines Maß. Epikuros: Einteilung in

1) natürliche und notwendige,
2) natürliche und nicht notwendige,
3) weder natürliche noch notwendige Güter.[9]

In den oben angegebenen zwei Teilen sollte nur gelehrt werden, wie dies alles zu erlangen: (Das Beste tut überall die Natur: jedoch was an uns liegt.) Dies geschähe durch Aufstellung von Lebensregeln: diese müßten aber nicht *pêle mêle* folgen, sondern unter Rubriken gebracht sein, die jede wieder Unterabteilungen hätte. Das ist schwer, und ich kenne keine Vorarbeit dazu. Daher ist das beste, Regeln dieser Art zu erst wie sie kommen niederzuschreiben und sie nachher zu rubrizieren und einander unterzuordnen.

Zum Versuch:

[9] -- [Vgl. Diogenes Laërtios, *Vitae philosophorum*, X, 149, auch 127; Cicero, *De finibus bonorum et malorum*, I, 14 und 16.]

‹In Arkadien geboren sind wir alle,[10] d.h. wir treten in die Welt voll Ansprüche auf Glück und Genuß und bewahren die törichte Hoffnung, solche durchzusetzen, bis das Schicksal uns unsanft packt und uns zeigt, daß *nichts* unser ist, sondern alles sein, da es ein unbestreitbares Recht hat nicht nur auf allen unsern Besitz und Erwerb, sondern auf Arm und Bein, Auge und Ohr, ja auf die Nase mitten im Gesicht. Sodann kommt die Erfahrung und lehrt uns, daß Glück und Genuß bloße Chimären sind, die eine Illusion uns in der Ferne zeigt, hingegen das Leiden, der Schmerz real sind, sich selbst unmittelbar kundgeben, ohne der Illusion und Erwartung zu bedürfen. Fruchtet ihre Lehre, so hören wir auf, Glück und Genuß zu suchen, und sind allein darauf bedacht, dem Schmerz und Leiden möglichst zu entgehen. Οὐ τὸ ἡδύ, ἀλλὰ τὸ ἄλυπον διώκει ὁ φρόνιμος [»Nicht nach Lust, sondern nach Schmerzlosigkeit strebt der Kluge«, Aristoteles, *Nikomachische Ethik*, VII, 11, 1152 b 15]. Wir sehn ein, daß das Beste, was auf der Welt zu finden sei, eine schmerzlose, ruhige erträgliche Gegenwart ist: wird uns solche, so wissen wir sie zu schätzen, und hüten uns wohl, sie zu verderben durch ein rastloses Sehnen nach imaginären Freuden oder durch ängstliches Sorgen für eine stets ungewisse Zukunft, die doch ganz in der Hand des Schicksals ist, wir mögen ringen, wie wir wollen.›[11] – Dazu: und wie sollte es töricht sein,

[10] -- [Anspielung auf den Anfang von Schillers Gedicht *Resignation.*]

[11] -- Aus *Brieftasche*, § 98 [A. Schopenhauer, *Der handschriftliche Nachlaß*, Bd. III, S. 176.]

stets dafür zu sorgen, daß man die allein sichere Gegenwart möglichst genieße, da ja das ganze Leben nur ein größeres Stück Gegenwart und als solches ganz vergänglich ist? Hiezu Nr. 14.

Lebensregel Nr. 2

Vermeidung des Neides: *numquam felix eris, dum te torquebit felicilior* [»Niemals wirst du glücklich sein, wenn es dich quält, daß ein anderer glücklicher ist«, Seneca, *De ira*, III, 30, 3]. *Cum cogitaveris quot te antecedant, respice quot sequantur* [»Wenn du bedenkst, wie viele dir voraus sind, so denke daran, wie viele dir folgen«, Seneca, *Epistulae ad Lucilium*, 15, 10]. Siehe Nr. 27.

⟨Nichts ist so unversöhnlich und so grausam wie der *Neid:* und doch sind wir unaufhörlich hauptsächlich bemüht, *Neid* zu erregen!⟩[12]

Lebensregel Nr. 3 Erworbener Charakter *(S. 436 des Werks)*[13]

⟨Neben dem intelligibeln und dem empirischen Charakter ist noch ein drittes, von beiden Verschiedenes zu erwähnen,

[12] -- [Aus *Brieftasche*, § 57: A. Schopenhauer, *Der handschriftliche Nachlaß*, B. III, S. 163. Am Rande dieses Paragraphen merkt Schopenhauer an: »notiert zur *Eudämonologie*«. Der Einschub an dieser Stelle ist Mutmaßung des Herausgebers.]

[13] -- [Aus *Die Welt als Wille und Vorstellung*, Buch IV, § 55, S. 357–362.]

der *erworbene Charakter*, den man erst im Leben, durch den Weltgebrauch, erhält, und von dem die Rede ist, wenn man gelobt wird als ein Mensch, der Charakter hat, oder getadelt als charakterlos. – Zwar könnte man meinen, daß, da der empirische Charakter, als Erscheinung des intelligibeln, unveränderlich und, wie jede Naturerscheinung, in sich konsequent ist, auch der Mensch ebendeshalb immer sich selbst gleich und konsequent erscheinen müßte und daher nicht nötig hätte, durch Erfahrung und Nachdenken, sich künstlich einen Charakter zu erwerben. Dem ist aber anders, und wiewohl man immer der Selbe ist, so versteht man jedoch sich selbst nicht jederzeit, sondern verkennt sich oft, bis man die eigentliche Selbsterkenntnis in gewissem Grade erworben hat. Der empirische Charakter ist, als bloßer Naturtrieb, an sich unvernünftig: ja, seine Äußerungen werden noch dazu durch die Vernunft gestört, und zwar um so mehr, je mehr Besonnenheit und Denkkraft der Mensch hat. Denn diese halten ihm immer vor, was *dem Menschen überhaupt*, als Gattungscharakter, zukommt und im Wollen, wie im Leisten, demselben möglich ist. Hiedurch wird ihm die Einsicht in dasjenige, was allein von dem allen, er, vermöge seiner Individualität, will und vermag, erschwert. Er findet in sich zu allen noch so verschiedenen menschlichen Anstrebungen und Kräften die Anlagen; aber der verschiedene Grad derselben in seiner Individualität wird ihm nicht ohne Erfahrung klar: und wenn er nun zwar zu den Bestrebungen greift, die seinem Charakter allein gemäß sind, so fühlt er doch, besonders in einzelnen Momenten und Stimmungen, die Anregung zu gerade entgegengesetzten, damit unvereinbaren, die, wenn er jenen ersteren ungestört nachgehen will, ganz unterdrückt werden müssen. Denn, wie unser physischer Weg auf der

Erde immer nur eine Linie, keine Fläche ist; so müssen wir im Leben, wenn wir Eines ergreifen und besitzen wollen, unzähliges Anderes, rechts und links, entsagend, liegen lassen. Können wir uns dazu nicht entschließen, sondern greifen, wie Kinder auf dem Jahrmarkt, nach Allem was im Vorübergehen reizt; dann ist dies das verkehrte Bestreben, die Linie unseres Wegs in eine Fläche zu verwandeln: wir laufen sodann im Zickzack, irrlichterlieren hin und her und gelangen zu nichts. – Oder, um ein anderes Gleichnis zu gebrauchen, wie nach Hobbes' Rechtslehre, ursprünglich jeder auf jedes Ding ein Recht hat, aber auf keines ein ausschließliches; letzteres jedoch auf einzelne Dinge erlangen kann, dadurch, daß er seinem Recht auf alle übrigen entsagt, wogegen die anderen in Hinsicht auf das von ihm erwählte das gleiche tun; gerade so ist es im Leben, wo wir irgendeine bestimmte Bestrebung, sei sie nach Genuß, Ehre, Reichtum, Wissenschaft, Kunst oder Tugend, nur dann recht mit Ernst und mit Glück verfolgen können, wann wir alle ihr fremden Ansprüche aufgeben, auf alles andere verzichten. Darum ist das bloße Wollen und auch Können an sich noch nicht zureichend, sondern ein Mensch muß auch *wissen*, was er will, und *wissen*, was er kann: erst so wird er Charakter zeigen, und erst dann kann er etwas Rechtes vollbringen. Bevor er dahin gelangt, ist er, ungeachtet der natürlichen Konsequenz des empirischen Charakters, doch charakterlos, und obwohl er im Ganzen sich treu bleiben und seine Bahn durchlaufen muß, von seinem Dämon gezogen; so wird er doch keine schnurgerechte, sondern eine zitternde, ungleiche Linie beschreiben, schwanken, abweichen, umkehren, sich Reue und Schmerz bereiten: dies Alles, weil er, im Großen und Kleinen, so Vieles als dem Menschen möglich und erreichbar vor sich sieht, und doch nicht weiß, was davon allein ihm gemäß und ihm ausführbar, ja, auch nur ihm genießbar ist. Er wird daher manchen um eine Lage und Verhältnisse beneiden, die doch nur dessen Charakter, nicht dem seinigen, angemessen sind, und in denen er sich unglücklich fühlen würde, wohl gar es nicht einmal aushalten könnte. Denn wie dem Fische nur im Wasser, dem Vogel nur in der Luft, dem Maulwurf nur unter der Erde wohl ist, so jedem Menschen nur in der ihm angemessenen Atmosphäre; wie denn z.B. die Hofluft nicht jedem respirabel ist. Aus Mangel an genugsamer Einsicht in alles dieses wird mancher allerlei mißlingende Versuche machen, wird seinem Charakter im Einzelnen Gewalt antun, und im Ganzen ihm doch wieder nachgeben müssen: und was er so, gegen seine Natur, mühsam erlangt, wird ihm keinen Genuß geben; was er so erlernt, wird tot bleiben; ja sogar in ethischer Hinsicht wird eine nicht aus reinem, unmittelbarem Antriebe, sondern aus einem Begriff, einem Dogma entsprungene, für seinen Charakter zu edle Tat, durch nachfolgende egoistische Reue, alles Verdienst verlieren, selbst in seinen eigenen Augen. *Velle non discitur* [»Wollen läßt sich nicht lernen«, Seneca, *Epistulae ad Lucilium*, 81, 14]. Wie wir der Unbiegsamkeit der fremden Charaktere erst durch die Erfahrung inne werden und bis dahin kindisch glauben, durch vernünftige Vorstellungen, durch Bitten und Flehen, durch Beispiele und Edelmut könnten wir irgendeinen dahin bringen, daß er von seiner Art lasse, seine Handlungsweise ändere, von seiner Denkungsart abgehe oder gar seine Fähigkeiten erweitere; so geht es uns auch mit uns selbst. Wir müssen erst aus Erfahrung lernen, was wir wollen und was wir können: bis dahin wissen wir es nicht, sind charakterlos und müssen oft durch harte Stöße von außen auf unsern eigenen Weg zurückgeworfen werden. – Haben wir es aber endlich gelernt, dann haben wir erlangt, was man in der Welt Charakter nennt, den *erworbenen Charakter*. Dieses ist demnach nichts anderes, als möglichst vollkommene Kenntnis der eigenen Individualität: es ist das abstrakte, folglich deutliche Wissen von den unabänderlichen Eigenschaften seines eigenen empirischen Charakters und von dem Maß und der Richtung seiner geistigen und körperlichen Kräfte, also von den gesamten Stärken und Schwächen der eigenen Individualität. Dies setzt uns in den Stand, die an sich einmal unveränderliche Rolle der eigenen Person, die wir vorhin regellos naturalisierten, jetzt besonnen und methodisch durchzuführen und die Lücken, welche Launen oder Schwächen darin verursachen, nach Anleitung fester Begriffe auszufüllen. Die durch unsere individuelle Natur ohnehin notwendige Handlungsweise haben wir jetzt auf deutlich bewußte, uns stets gegenwärtige Maximen gebracht, nach denen wir sie so besonnen durchführen, als wäre es eine erlernte, ohne hiebei je irre zu werden durch den vorübergehenden Einfluß der Stimmung, oder des Eindrucks der Gegenwart, ohne gehemmt zu werden durch das Bittere oder Süße einer im Wege angetroffenen Einzelheit, ohne Zaudern, ohne Schwanken, ohne Inkonsequenzen. Wir werden nun nicht mehr, als Neulinge, werten, versuchen, umhertappen, um zu sehen, was wir eigentlich wollen und was wir vermögen; sondern wir wissen es ein für alle Mal, haben bei jeder Wahl nur allgemeine Sätze auf einzelne Fälle anzuwenden und gelangen gleich zum Entschluß. Wir kennen unsern Willen im Allgemeinen und lassen uns nicht durch Stimmung oder äußere Aufforderung verleiten, im Einzelnen zu beschließen, was ihm im Ganzen entgegen ist. Wir kennen eben so die Art und das Maß unserer Kräfte und unserer Schwächen und werden uns dadurch viele Schmerzen ersparen. Denn es gibt eigentlich gar keinen Genuß anders, als im Gebrauch und Gefühl der eigenen Kräfte, und der größte Schmerz ist wahrgenommener Mangel an Kräften, wo man ihrer bedarf. Haben wir nun erforscht, wo unsere Stärken und wo unsere Schwächen liegen; so werden wir unsere hervorstechenden natürlichen Anlagen ausbilden, gebrauchen, auf alle Weise zu nutzen suchen und immer uns dahin wenden, wo diese taugen und gelten, aber durchaus und mit Selbstüberwindung die Bestrebungen vermeiden, zu denen wir von Natur geringe Anlagen haben; werden uns hüten, das zu versuchen, was uns doch nicht gelingt. Nur wer dahin gelangt ist, wird stets mit voller Besonnenheit ganz er selbst sein, und wird nie von sich selbst im Stiche gelassen werden, weil er immer wußte, was er sich selber zumuten konnte. Er wird alsdann oft der Freude teilhaft werden, seine Stärken zu fühlen, und selten den Schmerz erfahren, an seine Schwächen erinnert zu werden, welche letztere Demütigung ist, die vielleicht den größten Geistesschmerz verursacht: daher man es viel besser ertragen kann, sein Mißgeschick, als sein Ungeschick deutlich ins Auge zu fassen. – Sind wir nun also vollkommen bekannt mit unseren Stärken und Schwächen; so werden wir auch nicht versuchen, Kräfte zu zeigen, die wir nicht haben, werden nicht mit falscher Münze spielen, weil solche Spiegelfechterei doch endlich ihr Ziel verfehlt. Denn da der ganze Mensch nur die Erscheinung seines Willens ist; so kann nichts verkehrter sein, als, von der Reflexion ausgehend, etwas anderes sein zu wollen, als man ist: denn es ist ein unmittelbarer Widerspruch des Willens mit sich selbst. Nachahmung fremder Eigenschaften und Eigentümlichkeiten ist viel schimpflicher als das Tragen fremder Kleider: denn es ist das Urteil der eigenen Wertlosigkeit von sich selbst ausgesprochen. Kenntnis seiner eigenen Gesinnung und seiner Fähigkeiten jeder Art und ihrer abänderlichen Grenzen ist in dieser Hinsicht der sicherste Weg, um zur möglichsten Zufriedenheit mit sich selbst zu gelangen. Denn es gilt von den inneren Umständen, was von den äußeren, daß es nämlich für uns keinen wirksamen Trost gibt als die volle Gewißheit der unabänderlichen Notwendigkeit. Uns quält ein Übel, das uns betroffen, nicht so sehr, als der Gedanke an die Umstände, durch die es hätte abgewendet werden können; daher nichts wirksamer zu unserer Beruhigung ist als das Betrachten des Geschehenen aus dem Gesichtspunkte der Notwendigkeit, aus welchem alle Zufälle sich als Werkzeuge des waltenden Schicksals darstellen und wir mithin das eingetretene Übel als durch den Konflikt innerer und äußerer Umstände unausweichbar herbeigezogen erkennen, also der Fatalismus. Wir jammern und toben auch eigentlich nur so lange, als wir hoffen dadurch entweder auf andere zu wirken, oder uns selbst unerhörter Anstrengung aufzuregen. Aber Kinder und Erwachsene wissen sich sehr wohl zufrieden zu geben, sobald sie deutlich einsehen, daß es durchaus nicht anders ist:

> Θυμὸν ἐνὶ στήθεσσι φίλον δαμάσαντες ἀνάγκῃ
> *(Animo in pectoribus nostro domito necessitate.)*
>
> [»Niederhaltend mit Zwang den gehegten
> Groll in dem Busen.«
> Homer, *Ilias*, XVIII, v. 113]

Wir gleichen den eingefangenen Elephanten, die viele Tage entsetzlich toben und ringen, bis sie sehen, daß es fruchtlos ist, und dann plötzlich gelassen ihren Nacken dem Joch bieten, auf immer gebändigt. Wir sind wie der König David, der, solange sein Sohn noch lebte, unablässig den Jehovah mit Bitten bestürmte und sich verzweifelt gebärdete; sobald aber der Sohn tot war, nicht weiter daran dachte. Daher kommt es, daß unzählige bleibende Übel, wie Krüppelhaftigkeit, Armut, niederer Stand, Häßlichkeit, widriger Wohnort, von Unzähligen ganz gleichgültig ertragen und gar nicht mehr gefühlt werden, gleich vernarbten Wunden, bloß weil diese wissen, daß innere oder äußere Notwendigkeit hier nichts zu ändern übrig läßt, während Glücklichere nicht einsehen, wie man es ertragen kann. Wie nun mit der äußern, so mit innern Notwendigkeit versöhnt nichts so fest, als eine deutliche Kenntnis derselben. Haben wir, wie unsere guten Eigenschaften und Stärken, so unsere Fehler und Schwächen ein für alle Mal deutlich erkannt, dem gemäß uns unser Ziel gesteckt und über das Unerreichbare uns zufrieden gegeben; so entgehen wir dadurch am sichersten, so weit es unsere Individualität zuläßt, dem bittersten aller Leiden, der Unzufriedenheit mit uns selbst, welche die unausbleibliche Folge der Unkenntnis der eigenen Individualität, des falschen Dünkels und daraus entstandener Vermessenheit ist. Auf die bittern Kapitel der anempfohlenen Selbsterkenntnis leidet vortreffliche Anwendung der Ovidische Vers:

Optimus ille animi vindex, laedentia pectus
Vincula qui rupit, dedoluitque semel.

[»Das ist der beste Helfer dem Geist,
der die quälende Bande,
Die umstricken das Herz, einmal für allemal bricht.«
Ovid, *Remedia amoris*, vv. 293–294]

Soviel über den *erworbenen Charakter*, der zwar nicht sowohl für die eigentliche Ethik, als für das Weltleben wichtig ist, dessen Erörterung sich jedoch der des intelligibeln und des empirischen Charakters als die dritte Art nebenordnete, über welche ersteren wir uns in eine etwas ausführliche Betrachtung einlassen mußten, um uns deutlich zu machen, wie der Wille in allen seinen Erscheinungen der Notwendigkeit unterworfen ist, während er dennoch an sich selbst frei, ja allmächtig genannt werden kann.〉

Lebensregel Nr. 4 Über das Verhältnis der Ansprüche zum Besitz
(Das zu S. 442 des Werks Beigeschriebene)[14]

〈Die Güter, auf welche Anspruch zu machen einem Menschen nie in den Sinn gekommen ist, entbehrt er durchaus nicht, sondern ist, auch ohne sie, völlig zufrieden; während ein anderer, der hundert Mal mehr besitzt als er, sich unglücklich fühlt, weil ihm eines abgeht, darauf er Anspruch macht. Jeder hat, auch in dieser Hinsicht, einen eigenen Horizont des für ihn möglicherweise Erreichbaren: so weit wie dieser gehn seine Ansprüche. Wann irgendein innerhalb desselben gelegenes Objekt

[14] -- [Die Stelle ist eine Marginalie zu *Die Welt als Wille und Vorstellung*, Buch IV, § 55, und gehört zu den Randbemerkungen, die Otto Weiß in seiner Ausgabe des Werkes ediert hat: 2 Bde., Hesse & Becker, Leipzig, 1919, hier Bd. I, S. 859–860. Sie ist dann mit einigen Verbesserungen und Veränderungen in die *Aphorismen zur Lebensweisheit*, Kap. 3, Anfang, eingegangen.]

sich ihm so darstellt, daß er auf dessen Erreichung vertrauen kann, fühlt er sich glücklich; hingegen unglücklich, wann eintretende Schwierigkeiten ihm die Aussicht darauf benehmen. Das außerhalb dieses Gesichtskreises Liegende wirkt gar nicht auf ihn. Daher beunruhigen den Armen die großen Besitztümer der Reichen nicht, und tröstet andrerseits den Reichen, bei verfehlten Absichten, das Viele nicht, was er schon besitzt. Der Reichtum gleicht dem Seewasser: je mehr man davon trinkt, desto durstiger wird man. – Dasselbe gilt vom Ruhm. – Daß nach verlorenem Reichtum, oder Wohlstande, sobald der erste Schmerz überstanden ist, unsre habituelle Stimmung nicht sehr verschieden von der früheren ausfällt, kommt daher, daß, nachdem das Schicksal den Faktor unsers Besitzes verkleinert hat, wir selbst nun den Faktor unserer Ansprüche gleich sehr vermindern. Diese Operation aber ist das eigentlich Schmerzhafte, bei einem Unglücksfall: nachdem sie vollzogen ist, wird der Schmerz immer weniger, zuletzt gar nicht mehr gefühlt: die Wunde vernarbt. Umgekehrt wird, bei einem Glücksfall, der Kompressor unsrer Ansprüche hinaufgeschoben, und sie dehnen sich aus: hierin liegt die Freude. Aber auch sie dauert nicht länger, als bis diese Operation gänzlich vollzogen ist: wir gewöhnen uns an das erweiterte Maß der Ansprüche und werden gegen den demselben entsprechenden Besitz gleichgültig. Dies besagt schon die homerische Stelle, *Odyssee*, XVIII, 130 bis 137, welche schließt:

Τοῖος γὰρ νόος ἐστὶν ἐπιχθονίων ἀνθρώπων,
Οἷον ἐφ' ἦμαρ ἄγει πατὴρ ἀνδρῶν τε θεῶν τε.

[»Denn so ist die Gesinnung der erdbewohnenden
Menschen
wie der Tag, den schenkte der Vater der Götter und
Menschen.«]

Die Quelle unsrer Unzufriedenheit liegt in unsern stets erneuerten Versuchen, den Faktor der Ansprüche in die Höhe zu schieben, bei der Unbeweglichkeit des andern Faktors, die es verhindert.⟩

Lebensregel Nr. 5 Das natürliche individuelle Maß des Schmerzes
(S. 455 des Werks nebst Beigeschriebenem über die cura praedominans)[15]

⟨Übrigens könnte man durch jene Betrachtung über die Unvermeidlichkeit des Schmerzes und über das Verdrängen des einen durch den andern und das Herbeiziehn des neuen durch den Austritt des vorigen sogar auf die paradoxe, aber nicht ungereimte Hypothese geleitet werden, daß in jedem Individuum das Maß des ihm wesentlichen Schmerzes durch seine Natur ein für alle Mal bestimmt wäre, welches Maß weder leer bleiben noch überfüllt werden könnte, wie sehr auch die Form des Leidens wechseln mag. Sein Leiden und Wohlsein wäre demnach gar nicht von außen, sondern eben nur durch jenes Maß, jene

15 _ _ [Die Stelle befindet sich in *Die Welt als Wille und Vorstellung*, Buch IV, § 57, S. 372–376. Vgl. auch *Aphorismen zur Lebensweisheit*, Kap. 2, in *Parerga und Paralipomena*, Bd. I, S. 347.]

Anlage, bestimmt, welche zwar durch das physische Befinden einige Ab- und Zunahme zu verschiedenen Zeiten erfahren möchte, im Ganzen aber doch dieselbe bliebe und nichts anderes wäre, als was man sein Temperament nennt, oder genauer, der Grad in welchem er, wie Plato es im ersten Buch der Republik ausdrückt, εὔκολος oder δύσκολος, d.i. leichten oder schweren Sinnes wäre. – Für diese Hypothese spricht nicht nur die bekannte Erfahrung, daß große Leiden alle kleineren gänzlich unfühlbar machen, und umgekehrt, bei Abwesenheit großer Leiden, selbst die kleinsten Unannehmlichkeiten uns quälen und verstimmen; sondern die Erfahrung lehrt auch, daß, wenn ein großes Unglück, bei dessen bloßen Gedanken wir schauderten, nun wirklich eingetreten ist, dennoch unsere Stimmung, sobald wir den ersten Schmerz überstanden haben, im Ganzen ziemlich unverändert dasteht; und auch umgekehrt, daß nach dem Eintritt eines lang ersehnten Glücks, wir uns im Ganzen und anhaltend nicht merklich wohler und behaglicher fühlen als vorher. Bloß der Augenblick des Eintritts jener Veränderungen bewegt uns ungewöhnlich stark als tiefer Jammer, oder lauter Jubel; aber beide verschwinden bald, weil sie auf Täuschung beruhten. Denn sie entstehn nicht über den unmittelbar gegenwärtigen Genuß oder Schmerz, sondern nur über die Eröffnung einer neuen Zukunft, die darin antizipiert wird. Nur dadurch, daß Schmerz oder Freude von der Zukunft borgten, konnten sie so abnorm erhöht werden, folglich nicht auf die Dauer. – Für die aufgestellte Hypothese, der zufolge, wie im Erkennen, so auch im Gefühl des Leidens oder Wohlseins ein sehr großer Teil subjektiv und *a priori* bestimmt wäre, können noch als Beleg die Bemerkungen angeführt werden, daß der menschliche Frohsinn, oder Trübsinn, augenscheinlich nicht durch äußere Umstände, durch Reichtum oder Stand, bestimmt wird; da wir wenigstens eben so viele frohe Gesichter unter den Armen, als unter den Reichen antreffen: ferner, daß die Motive, auf welche der Selbstmord erfolgt, so höchst verschieden sind; indem wir kein Unglück angeben können, das groß genug wäre, um ihn nur mit vieler Wahrscheinlichkeit, bei jedem Charakter, herbeizuführen, und wenige, die so klein wären, daß nicht ihnen gleichwiegende ihn schon veranlaßt hätten. Wenn nun gleich der Grad unserer Heiterkeit oder Traurigkeit nicht zu allen Zeiten derselbe ist; so werden wir, dieser Ansicht zufolge, es nicht dem Wechsel äußerer Umstände, sondern dem des innern Zustandes, des physischen Befindens, zuschreiben. Denn, wann eine wirkliche, wiewohl immer nur temporäre, Steigerung unserer Heiterkeit, selbst bis zur Freudigkeit, eintritt; so pflegt sie ohne allen äußern Anlaß sich einzufinden. Zwar sehn wir oft unsern Schmerz nur aus einem bestimmten äußern Verhältnis hervorgehn, und sind sichtbarlich nur durch dieses gedrückt und getrübt: wir glauben dann, daß wenn nur dieses gehoben wäre, die größte Zufriedenheit eintreten müßte. Allein dies ist Täuschung. Das Maß unsers Schmerzes und Wohlseins im Ganzen ist, nach unserer Hypothese, für jeden Zeitpunkt subjektiv bestimmt, und in Beziehung auf dasselbe ist jenes äußere Motiv zur Betrübnis nur was für den Leib ein Vesikatorium, zu dem sich alle sonst verteilten bösen Säfte hinziehn. Der in unserm Wesen, für diese Zeitperiode, begründete und daher unabwälzbare Schmerz wäre, ohne jene bestimmte äußere Ursache des Leidens, an hundert Punkten verteilt und erschiene in Gestalt von hundert kleinen Verdrießlichkeiten und Grillen über Dinge, die wir jetzt ganz übersehn, weil unsere Kapazität für den Schmerz schon durch jenes Hauptübel ausgefüllt ist, welches alles sonst verstreute Leiden auf einen Punkt konzentriert hat. Diesem entspricht auch die Beobachtung, daß, wenn eine große, uns beklemmende Besorgnis endlich, durch den glücklichen Ausgang, uns von der Brust gehoben wird, alsbald an ihre Stelle eine andere tritt, deren ganzer Stoff schon vorher da war, jedoch nicht als Sorge ins Bewußtsein kommen konnte, weil dieses keine Kapazität dafür übrig hatte, weshalb dieser Sorgestoff bloß als dunkle unbemerkte Nebelgestalt an dessen Horizonts äußerstem Ende stehn blieb. Jetzt aber, da Platz geworden, tritt sogleich dieser fertige Stoff heran und nimmt den Thron der herrschenden (πρυτανεύουσα) Besorgnis des Tages ein: wenn er nun auch, der Materie nach, sehr viel leichter ist, als der Stoff jener verschwundenen Besorgnis; so weiß er doch sich so aufzublähen, daß er ihr an scheinbarer Größe gleichkommt und so als Hauptbesorgnis des Tages den Thron vollkommen ausfüllt.

Unmäßige Freude und sehr heftiger Schmerz finden sich immer nur in derselben Person ein: denn beide bedingen sich wechselseitig und sind auch gemeinschaftlich durch große Lebhaftigkeit des Geistes bedingt. Beiden werden, wie wir soeben fanden, nicht durch das rein Gegenwärtige, sondern durch Antizipation der Zukunft hervorgebracht. Da aber der Schmerz dem Leben wesentlich ist und auch seinem Grade nach durch die Natur des Subjekts bestimmt ist, daher plötzliche Veränderungen, weil sie immer äußere sind, seinen Grad eigentlich nicht ändern können; so liegt dem übermäßigen Jubel oder Schmerz immer ein Irrtum und Wahn zum Grunde: folglich ließen jene beiden Überspannungen des Gemüts sich durch Einsicht vermeiden. Jeder unmäßige Jubel *(exultatio, insolens laetitia)* beruht immer auf dem Wahn, etwas im Leben gefunden zu haben, was gar nicht darin anzutreffen ist, nämlich dauernde Befriedigung der quälenden, sich stets neu gebärenden Wünsche, oder Sorgen. Von jedem einzelnen Wahn dieser Art muß man später unausbleiblich zurückgebracht werden und ihn dann, wann er verschwindet, mit eben so bittern Schmerzen bezahlen, als sein Eintritt Freude verursachte. Er gleicht insofern durchaus einer Höhe, von der man nur durch Fall wieder herab kann; daher man sie vermeiden sollte: und jeder plötzliche, übermäßige Schmerz ist eben nur der Fall von so einer Höhe, das Verschwinden eines solchen Wahnes, und daher durch ihn bedingt. Man könnte folglich beide vermeiden, wenn man es über sich vermöchte, die Dinge stets im Ganzen und in ihrem Zusammenhang völlig klar zu übersehen und sich standhaft zu hüten, ihnen die Farbe wirklich zu leihen, die man wünschte, daß sie hätten. Die Stoische Ethik ging hauptsächlich darauf aus, das Gemüt von allem solchen Wahn und dessen Folgen zu befreien, und ihm statt dessen unerschütterlichen Gleichmut zu geben. Von dieser Einsicht ist Horatius erfüllt, in der bekannten Ode:

Aequam memento rebus in arduis
Servare mentem, non secus in bonis
Ab insolenti temperatam
Laetitia.

[»Denk stets in schweren Zeiten den Gleichmut dir
Zu wahren, wie in guten ein Herz,
Das klug die übermütige Freude meistert.«
Horaz, *Carmina*, II, 3]

Meistens aber verschließen wir uns der einer bittern Arznei zu vergleichenden Erkenntnis, daß das Leiden dem Leben wesentlich ist und daher nicht von außen auf uns einströmt, sondern jeder die unversiegbare Quelle desselben in seinem eigenen Innern herumträgt. Wir suchen vielmehr zu dem nie von uns weichenden Schmerz stets eine äußere einzelne Ursache, gleichsam einen Vorwand; wie der Freie sich einen Götzen bildet, um einen Herrn zu haben. Denn unermüdlich streben wir von Wunsch zu Wunsch, und wenn gleich jede erlangte Befriedigung, soviel sie auch verhieß, uns doch nicht befriedigt, sondern meistens bald als beschämender Irrtum dasteht, sehen wir doch nicht ein, daß wir mit dem Faß der Danaiden schöpfen; sondern eilen zu immer neuen Wünschen:

Sed, dum abest quod avemus, id exsuperare videtur
Caetera; post aliud, cuum contigit illud, avemus;
Et sitis aequa tenet vitai semper hiantes.
(*Lucr.* III, 1095)

[»Denn solange uns fehlt, was wir wünschten, erscheint es an Wert uns
Alles zu übertreffen; sogleich aber, wenn es erlangt ward,
Stellt sich ein anderes ein, und so hält immer ein gleicher
Durst uns fest, die wir nach dem Leben lechzend verlangen.«
Lukrez, *De rerum natura*, III, 1095 (=1080–83)]

So geht es denn entweder ins Unendliche, oder, was seltener ist und schon eine gewisse Kraft des Charakters voraussetzt, bis wir auf einen Wunsch treffen, der nicht erfüllt und doch nicht aufgegeben werden kann: dann haben wir gleichsam was wir suchten, nämlich etwas, das wir jeden Augenblick, statt unseres eigenen Wesens, als die Quelle unserer Leiden anklagen können, und wodurch wir nun mit unserm Schicksal entzweit, dafür aber mit unserer Existenz versöhnt werden, indem die Erkenntnis sich wieder entfernt, daß dieser Existenz selbst das Leiden wesentlich und wahre Befriedigung unmöglich sei. Die Folge dieser letzten Entwicklungsart ist eine etwas melancholische Stimmung, das beständige Tragen eines einzigen großen Schmerzes und daraus entstehende Geringschätzung aller kleineren Leiden oder Freuden; folglich eine schon würdigere Erscheinung als das stete Haschen nach immer anderen Truggestalten, welches viel gewöhnlicher ist.〉

Lebensregel Nr. 6

Willig tun was man kann und willig leiden was man muß. Ζῶμεν γὰρ οὐκ ὡς θέλωμεν, ἀλλ' ὡς δυνάμεθα [»Wir sollen leben nicht wie wir wollen, sondern wie wir können, *Gnomici poetae Graeci*, Fleischer, Lipsiae, 1817, S. 30].

Lebensregel Nr. 7

Eine Sache reiflich überlegen, ehe man sie ins Werk setzt: aber nachdem dies geschehn und der Ausgang zu erwarten steht, nicht sich mit immer wiederholter Überlegung der möglichen Gefahren ängstigen: sondern nun sich der Sache ganz entschlagen, das Gedankenfach derselben geschlossen halten, sich beruhigend mit der Überzeugung, daß man alles zu seiner Zeit reiflich erwogen. Kommt dennoch ein schlimmer Ausgang; so ist es, weil alle Dinge dem Zufall und Irrtum unterworfen sind.

Lebensregel Nr. 8

Seinen Kreis beschränken: man gibt dem Unglück weniger *Prise:* die Beschränktheit beglückt u. s. w.

Lebensregel Nr. 9

Οὐ τὸ ἡδὺ διώκει ὁ φρόνιμος, ἀλλὰ τὸ ἄλυπον [»Nicht nach Lust strebt der Kluge, sondern nach Schmerzlosigkeit«, Aristoteles, *Nikomachische Ethik*, VII, 11, 1152b 15].

Lebensregel Nr. 10

Subjice te rationi si tibi subjicere vis omnia. Sic fere Seneca [»Unterwirf dich der Vernunft, wenn du dir alles unterwerfen willst«, so ungefähr Seneca, *Epistulae ad Lucilium*, 37, 4]. Vgl. Nr. 21.

Lebensregel Nr. 11

Wenn etwas Unglückliches ein Mal da ist und nicht zu helfen; sich auch nicht den Gedanken erlauben, daß es anders sein könnte: wie König David und die gefangenen Elephanten.[16] Sonst ist man ein ἑαυτοντιμορούμενος [Selbstquäler (Terenz)]. Doch hat das Umgekehrte den Nutzen, uns durch die Selbstzüchtigung für ein ander Mal vorsichtiger zu machen.

16 -- [Vgl. *Die Welt als Wille und Vorstellung*, IV, § 55: »Wir gleichen den eingefangenen Elephanten, die viele Tage entsetzlich toben und ringen, bis sie sehen, daß es

Lebensregel Nr. 12 Über Vertrauen *(in Hinsicht auf Vertrauen die 105. Epistel des Seneca: wie auch mehreres aus meinem Εἲς ἑαυτόν)*

[»Nichts wird aber in gleicher Weise nützen wie sich unauffällig zu verhalten und ganz wenig mit anderen zu sprechen, sehr viel mit sich selbst. Es gibt eine Art von Verführung des Gesprächs, die sich einschleicht und einschmeichelt und nicht anders als Trunkenheit oder Liebe Geheimnisse entlockt. Niemand wird für sich behalten, was er gehört hat: niemand wird so viel sagen, wie er gehört hat. Wer einen Sachverhalt nicht für sich behält, wird auch den Urheber nicht für sich behalten. Ein jeder hat irgendeinen Menschen, dem er so weit vertraut, wie man ihm selbst vertraut: mag er seine Geschwätzigkeit bezähmen und sich zufrieden geben mit *eines* Menschen Ohren, schließlich wird er doch das Volk informieren; so ist, was eben noch ein Geheimnis war, allgemeines Gespräch.«][17]

fruchtlos ist, und dann plötzlich gelassen ihren Nacken dem Joch bieten, auf immer gebändigt. Wir sind wie der König David, der, solange sein Sohn noch lebte, unablässig den Jehovah mit Bitten bestürmte und sich verzweifelt gebärdete; sobald aber der Sohn tot war, nicht weiter daran dachte«. Die Geschichte steht im 2. Buch *Samuel*, 12, 15–23].

17 -- [Seneca, *Epistulae ad Lucilium*, XVII, 105.]

Lebensregel Nr. 13

Wenn man heiter ist, nicht erst noch bei sich selbst die Erlaubnis dazu nachsuchen, durch die Überlegung, ob man auch wohl in jeder Hinsicht Ursach hat heiter zu sein. (Siehe *Quartant* [1826], § 108: ‹Nichts ist seines Lohns sicherer als die *Heiterkeit*: denn bei ihr ist Lohn und Tat eines. [*Anmerkung:* Wer heiter ist, hat immer Ursach es zu sein, nämlich eben die, daß er heiter ist]. Nichts kann so wie sie jedes andre Gut sicher und reichlich ersetzen. Ist einer reich, jung, schön, geehrt; so frägt sichs, ob er dabei *heiter* ist, wenn man sein Glück beurteilen will: umgekehrt aber ist er heiter, so ists einerlei, ob er jung, alt, arm, reich sei: er ist glücklich. – Wir sollen daher der Heiterkeit, wann immer sie kommen will, Tür und Tor öffnen. Denn sie kommt nie zur unrechten Zeit: statt daß wir oft Bedenken tragen, ihr Eingang zu gestatten, indem wir uns erst bedenken wollen, ob wir auch Ursach haben, heiter zu sein, oder damit sie uns nicht von unsern ernsthaften Überlegungen und schweren Sorgen abziehe. Was wir durch diese bessern, ist sehr ungewiß: hingegen ist Heiterkeit der sicherste Gewinn: und weil sie ihren Wert allein für die Gegenwart hat, so ist sie das höchste Gut für Wesen, deren Wirklichkeit die Form einer unteilbaren Gegenwart zwischen zwei unendlichen Zeiten hat. Ist also Heiterkeit das Gut, welches alle andern ersetzen, selbst aber durch keines ersetzt werden kann; so sollten wir die Erwerbung dieses Guts jedem andern Trachten vorsetzen. Nun ist gewiß, daß zur Heiterkeit nichts weniger beiträgt als die äußern Glücksumstände und nichts mehr als die *Gesundheit.* Daher sollen wir diese allem andern vorsetzen, und zwar bestrebt sein, den *hohen Grad vollkommner* Gesundheit zu erhalten, dessen

Blüte die Heiterkeit ist: dessen Erlangung erfordert Vermeidung aller Ausschweifungen, auch aller heftigen oder unangenehmen Gemütsbewegungen; auch aller großen und fortgesetzten Geistesanstrengungen, endlich täglich wenigstens zwei Stunden rascher Bewegung in freier Luft.〉[18])

LEBENSREGEL NR. 14

Man könnte sagen, daß ein großer Teil der Lebensweisheit beruht auf dem richtigen Verhältnis, in welchem wir unsre Aufmerksamkeit teils der Gegenwart, teils der Zukunft schenken, damit nicht die eine uns die andre verderbe. Viele leben zu sehr in der Gegenwart (die Leichtsinnigen), andre zu sehr in der Zukunft (die Ängstlichen und Besorglichen), selten wird einer grade das Maß halten. Die, welche durch Streben nur in der Zukunft leben, immer vorwärts sehn und mit Ungeduld den kommenden Dingen entgegeneilen, als welche allererst das wahre Glück bringen werden, die Gegenwart inzwischen ungenossen und unbeachtet vorbeiziehn lassen, diese gleichen dem Italienischen Esel Tischbeins, mit seinem an einem Strick vorgebundenem Heubündel, welches seinen Schritt beschleunigt. Sie leben stets nur *ad interim*, bis sie tot sind. Die Ruhe der Gegenwart darf höchstens durch solche Übel gestört werden, die selbst gewiß sind und deren Zeitpunkt ebenfalls gewiß ist. Das sind aber höchst wenige: denn entweder sie sind selbst bloß möglich, allenfalls wahrscheinlich, oder sie sind gewiß, aber ihr Zeitpunkt völlig unbestimmt, z. B. der Tod. – Wollen wir uns

18 -- [A. Schopenhauer, *Der handschriftliche Nachlaß*, Bd. III, S. 238–239.]

auf diese beiden Arten einlassen, so haben wir keinen ruhigen Augenblick mehr. Um nicht die Ruhe unsres ganzen Lebens an ungewisse oder unbestimmte Übel zu verlieren, müssen wir uns gewöhnen, jene anzusehen, als kämen sie nie, und diese, als kämen sie gewiß nicht jetzt.

Lebensregel Nr. 15

Ein Mann, der bei allen Unfällen des Lebens gelassen bleibt, zeigt bloß, daß er weiß, wie ungeheuer und wie tausendfältig die möglichen Übel des Lebens sind und der deshalb das gegenwärtige ansieht als einen sehr kleinen Teil dessen, was kommen könnte: und umgekehrt, wer dieses letztere weiß und bedenkt, wird stets gelassen bleiben. Sodann *All's well that ends well*, S. 258.[19] Hierzu Nr. 19.

Lebensregel Nr. 16

<In Arkadien geboren sind wir alle, d.h. wir treten in die Welt voll Ansprüche auf Glück und Genuß und bewahren die törichte Hoffnung, solche durchzusetzen, bis das Schicksal uns unsanft packt und uns zeigt, daß *nichts* unser ist, sondern alles

[19] – – [Shakespeare, *Ende gut, alles gut*, III, 2: »*I have felt so many quirks of joy and grief, / That the first face of neither, on the start, / Can woman me unto it.*« »So viele Anfälle von Freude und Gram habe ich schon empfunden, / daß ich nie mehr vom ersten Anblicke des Anlasses zu einem von Beiden / sogleich mich weibisch hinreißen lasse.«]

sein, da es ein unbestreitbares Recht hat nicht nur auf allen unsern Besitz und Erwerb, sondern auf Arm und Bein, Auge und Ohr, ja auf die Nase mitten im Gesicht. Sodann kommt die Erfahrung und lehrt uns, daß Glück und Genuß bloße Chimären sind, die eine Illusion uns in der Ferne zeigt, hingegen das Leiden, der Schmerz real sind, sich selbst unmittelbar kundgeben, ohne der Illusion und Erwartung zu bedürfen. Fruchtet ihre Lehre, so hören wir auf, Glück und Genuß zu suchen, und sind allein darauf bedacht, dem Schmerz und Leiden möglichst zu entgehen. Οὐ τὸ ἡδύ, ἀλλὰ τὸ ἄλυπον διώκει ὁ φρόνιμος [»Nicht nach Lust, sondern nach Schmerzlosigkeit strebt der Kluge«, Aristoteles, *Nikomachische Ethik*, VII, 11, 1152b 15]. Wir sehn ein, daß das Beste, was auf der Welt zu finden sei, eine schmerzlose, ruhige erträgliche Gegenwart ist: wird uns solche, so wissen wir sie zu schätzen, und hüten uns wohl, sie zu verderben durch ein rastloses Sehnen nach imaginären Freuden oder durch ängstliches Sorgen für eine stets ungewisse Zukunft, die doch ganz in der Hand des Schicksals ist, wir mögen ringen, wie wir wollen.⟩[20]

Lebensregel Nr. 17[21]

⟨Weil alles *Glück* und aller *Genuß negativer*, der Schmerz aber *positiver* Art ist; so ist das Leben nicht da, um genossen zu werden, sondern um angetan, durchgemacht zu werden; daher

20 -- Aus *Brieftasche*, § 98 [A. Schopenhauer, *Der handschriftliche Nachlaß*, Bd. III, S. 176. Diese Lebensregel nimmt die Lebensregel Nr. 1 wieder auf.]

21 -- [*Nachträglich gestrichen.*]

degere vitam, vita defungi, scampa così [komm so durch]. Wer sein Leben ohne übergroße physische oder geistige Schmerzen durchbringt, hat das glücklichste Los gehabt, das zu finden war; nicht aber der, dem die größten Freuden und Genüsse zu Teil geworden.[22] Wer nach diesen das Glück eines Lebenslaufes messen will, hat einen ganz falschen Maßstab: denn die Freuden sind negativ: daß sie beglücken können, ist ein Wahn, den der Neid hegt und pflegt: denn sie werden nicht positiv empfunden, wohl aber die Schmerzen: diese also sind der Maßstab des Lebensglücks, durch ihre Abwesenheit. Aus dem hier Gesagten folgt, daß man nicht Genüsse durch Schmerzen, auch bloß mögliche, erkaufen soll; weil man sonst ein Negatives und daher Chimärisches mit einem Positiven und Realen bezahlt. Umgekehrt hingegen ist es Gewinn, wenn man Genüsse opfert, um Befreiung von Schmerzen dadurch zu erkaufen: aus demselben Grunde. – In beiden Fällen ist es gleichgültig, ob die Schmerzen den Genüssen nachfolgen oder vorgängig sind. Οὐ τὸ ἡδύ... [ἀλλὰ τὸ ἄλυπον διώκει ὁ φρόνιμος: »Nicht nach Lust, sondern nach Schmerzlosigkeit strebt der Kluge«, Aristoteles, *Nikomachische Ethik*, VII, 11, 1152b 15]. Eine der größten Chimären, die wir in der Kindheit einsaugen und erst spät los werden, ist eben daß der *empirische* Wert des Lebens in dessen *Genüssen* liegt, daß es positiv beglückende Freuden und Besitztümer gibt: nach deren Erlangung wird nun gejagt, bis der *desengaño* [Ernüchterung] zu spät kommt, bis wir auf einer Jagd nach Glück und Genuß, die gar nicht real vorhanden sind, das angetroffen haben, was real vorhanden ist, Schmerz, Leiden, Krankheit, Sorge und tausend andre: statt daß wenn wir früh erkennten,

22 _ _ (Εἰς ἑαυτόν, S. 52).

daß positive Güter eine Chimäre sind, positive Schmerzen aber sehr real sind, wir bloß darauf bedacht sein würden, diesen von weitem aus dem Wege zu gehn, nach Aristoteles οὐ τὸ ἡδύ, ἀλλὰ τὸ ἄλυπον διώκει ὁ φρόνιμος [»Nicht nach Lust, sondern nach Schmerzlosigkeit strebt der Kluge«, Aristoteles, *Nikomachische Ethik*, VII, 11, 1152b 15].

(Soll man keine Rose pflücken,
Weil der Dorn uns stechen kann?)

Hier scheint sogar der eigentliche Grundgedanke des *Cynismus* zu liegen: denn was bewog die *Cyniker* zur Verwerfung aller Genüsse; wenn es nicht eben der Gedanke an die mit ihnen näher oder ferner verknüpften Schmerzen war, welchen aus dem Wege zu gehn ihnen viel wichtiger schien als die Erlangung von Genüssen. Sie waren tief ergriffen von dem *apperçu* der Negativität des Genusses und der Positivität des Schmerzes und taten nun konsequent alles, um dem Schmerz zu entgehn mit völliger absichtlicher Verwerfung der Genüsse, die ihnen eben so viele Fallstricke schienen, die zu den Schmerzen zögen.[23]

(Und hieran knüpft sich: das Leben der Menschen hat *zwei Hauptseiten*: eine *subjektive, innere*, und eine *objektive, äußere*. Jene *subjektive innere* betrifft Wohl und Wehe, Freude und Schmerz: woran wir uns hierüber zu halten haben, ist eben gesagt: möglichst geringer Grad und Zahl der Leiden ist hier das höchste, so zu erlangen: es ist die passive Seite.

Die *objektive, äußere* ist das Bild, das unser Lebenswandel darstellt, die Art, wie wir unsre Rolle durchführen, τὸ καλῶς

23 – – (Siehe Nr. 22).

ἢ κακῶς ζῆν [das schön oder schlecht Leben]. Hier liegt die Tugend, das Heldentum, die Leistungen des Geistes: es ist der aktive Teil. Und hier ist der Unterschied zwischen einem Menschen und dem andern unendlich größer als auf jener andern Seite, wo etwas mehr oder weniger Leiden die einzige Differenz ist. Daher sollte diese objektive Seite unsers Lebens (τὸ καλῶς ζῆν [das schön Leben]) unser Hauptaugenmerk sein, während es meistens die andre ist (τὸ εὖ ζῆν [das gut Leben]).

Eben weil unser Tun auf dieser objektiven, äußerlich sich darstellenden Seite liegt, bezeichneten die Griechen die Tugend und was dazu gehört als das καλόν des Lebens: was schön anzusehn ist. Und eben weil nur auf dieser Seite große Unterschiede zwischen Mensch und Mensch sind, ist selbst der, welcher hier die erste Stelle einnimmt, auf jener ersten Seite, doch den übrigen ziemlich gleich: positives Glück ist auch für ihn nicht da, aber positive Leiden, wie für alle andern.

»Ein Lorbeerkranz ist, wo du ihn erblickst
Ein Zeichen ...«
[»Der Lorbeerkranz ist, wo er dir erscheint,
Ein Zeichen mehr des Leidens, als des Glücks.«
Goethe, *Tasso*, III, 4]>[24]

[24] -- Aus *Foliant*, § 138 [A. Schopenhauer, *Der handschriftliche Nachlaß*, Bd. III, S. 284–286.]

Man muß seine Phantasie im Zügel halten in allen Dingen, die unser Wohl und Weh, unser Hoffen und Fürchten betreffen. Malt man sich in der Phantasie mögliche Glücksfälle und ihre Folgen aus, so macht man sich die Wirklichkeit noch ungenießbarer, man baut Luftschlösser und muß sie nachher, durch die Enttäuschung, teuer bezahlen. Aber noch schlimmere Folgen kann das Ausmalen möglicher Unglücksfälle haben: es kann, wie Gracián sagt,[25] die Phantasie zu unserm häßlichen Henker machen. Wenn man nämlich das Thema zu schwarzen Phantasien ganz aus der Ferne nähme und aus freien Stücken wählte; so könnte es nicht schaden: denn beim Erwachen aus dem Traume wüßten wir gleich, daß es alles rein ersonnen sei, und es enthielte eine Warnung gegen entfernte, aber doch mögliche Unglücksfälle. Allein mit solchen pflegt unsre Phantasie sich nicht zu beschäftigen, so nützlich es auch sein könnte: ganz müßigerweise baut sie bloß heitere Luftschlösser: hingegen wenn irgendein Unglück uns wirklich schon bedroht, so ist oft die Phantasie beschäftigt, es auszumalen, wobei sie es stets vergrößert, es näher bringt und noch fürchterlicher macht, als es ist. Einen solchen Traum können wir nun nicht beim Erwachen abschütteln, wie den heitern: diesen widerlegt die Wirklichkeit sogleich, und was daran noch Mögliches sein sollte, überlassen wir dem Schicksal. Nicht so beim Erwachen aus

[25] – – [*Templar la imaginación. (...) hecho verdugo casero de nocios:* »Die Einbildungskraft zügeln. (...) sie wird zum häuslichen Henker dieser Toren«, Baltasar Gracián, *Oráculo manual y arte de prudencia*, § 24.]

finstern Phantasien: uns fehlt der Maßstab des Grades der Möglichkeit der Sache: wir haben sie uns nahe gebracht, sie stehn vor uns, ihre Möglichkeit im allgemeinen ist gewiß, diese wird uns zu Wahrscheinlichkeit, und wir leiden große Angst. Dinge, die unser Wohl und Weh betreffen, müssen wir bloß mit der Urteilskraft anfassen, die mit Begriffen und *in abstracto* operiert, in trockner und kalter Überlegung: die Phantasie darf ihnen nicht nahen: denn urteilen kann sie nicht: sie hält uns ein Bild vor: und dieses bewegt das Gemüt unnützer und oft sehr peinlicherweise. – Also: die Phantasie gezügelt!

Lebensregel Nr. 19[26]

Über keinen Vorfall großen Jubel noch großen Jammer aufkommen lassen: weil die Veränderlichkeit aller Dinge ihn jeden Augenblick völlig umgestalten kann:[27] dagegen allezeit die Gegenwart möglichst heiter genießen: das ist Lebensweisheit. Wir tun aber meistens das Gegenteil: Pläne und Sorgen für die Zukunft, oder auch Sehnsucht nach der Vergangenheit beschäftigen uns so durchgehend und anhaltend, daß die Gegenwart fast immer für nichts geachtet und vernachlässigt wird: und

26 -- Zu Nr. 15.

27 -- [*Anmerkung:*] und auch weil unser Urteil über das, was uns heilsam oder nachteilig ist, sehr trüglich ist, wie denn jeder oft über das gewehklagt hat, was nachher zu seinem Besten war, und gejubelt hat über das, was eine Quelle seiner Leiden wurde. [G. Cardano,] *De utilitate ex adversis capienda* [hg. von J.A. von der Linden, Idzardy Balck, Franikerae, 1648.]

doch ist sie allein gewiß, hingegen Zukunft, ja auch Vergangenheit fast immer anders, als wir sie denken. So betrügen wir uns selbst um das ganze Leben. Für die Eudämonik ist nun zwar dies ganz gut, allein eine ernstere Philosophie bewirkt, daß zwar das Suchen nach der Vergangenheit immer unnütz ist, das Sorgen für die Zukunft oft, und also bloß die Gegenwart der Schauplatz unsers Glücks ist, daß jedoch diese Gegenwart in jedem Augenblick zur Vergangenheit wird und dann so gleichgültig ist, als wäre sie nie gewesen: wo bleibt also Raum für unser Glück?[28]

Lebensregel Nr. 20

Zorn oder Haß in Worten oder Mienen blicken zu lassen, ist unnütz, ist gefährlich, ist unklug, ist lächerlich, ist gemein. Zorn oder Haß darf man also durchaus nicht anders zeigen als in Taten. Letzteres wird man um so vollkommner können, als man ersteres vollkommner vermieden hat.

Lebensregel Nr. 21

Weil die Angelegenheiten des Lebens, die uns betreffen, ganz abgerissen, fragmentarisch, ohne Beziehung auf einander, im grellsten Kontraste stehend, ohne irgendein Gemeinsames, als daß sie unsre Angelegenheiten sind, auftreten und durcheinanderlaufen; so müssen wir unser Denken und Sorgen um sie, damit es ihnen entspreche, eben so fragmentarisch einrichten; d.h. wir müssen abstrahieren können; wir müssen jede Sache zu ihrer Zeit bedenken, besorgen, genießen, erdulden,

[28] -- Vgl. Nr. 14.

ganz unbekümmert um alles übrige; – gleichsam Schiebfächer unsrer Gedanken haben, wo wir eins öffnen, alle andern schließen: Dann wird uns nicht eine schwere Sorge jeden gegenwärtigen kleinen Genuß zerstören und alle unsre Ruhe nehmen, eine Überlegung nicht die andre verdrängen, – die Sorge für ein großes nicht die Sorge für 100 kleine alle Augenblicke stören u.s.f. – Hiebei ist, wie in so vielen andern Angelegenheiten, *Selbstzwang* anzuwenden, zu welchem uns die Überlegung stärken muß, daß jeder Mensch doch so vielen und großen Zwang von außen erleiden muß, ein Leben ohne vielen Zwang daher unmöglich ist, daß aber ein kleiner an der rechten Stelle angewandter Selbstzwang vielem nachherigen Zwange von außen vorbeugt, wie ein kleiner Abschnitt des Kreises zunächst am Centro einem oft 100 Mal größeren an der äußersten Peripherie entspricht und gleich gilt.[29] Durch nichts entziehn wir uns so sehr dem Zwange von außen als durch Selbstzwang. Daher: *subjice te rationi si subjicere tibi vis omnia* [»Unterwirf dich der Vernunft, wenn du dir alles unterwerfen willst«, Seneca, *Epistulae ad Lucilium*, 37, 4]. Auch haben wir den Selbstzwang noch immer in der Gewalt und können im äußersten Fall oder wo er die empfindlichste Stelle unsrer Natur trifft, nachlassen: aber der Zwang von außen ist ohne Rücksicht und Schonung und unbarmherzig: daher ist es wohlgetan, diesem durch jenen vorzubeugen.

[29] -- Hier Nr. 10.

LEBENSREGEL NR. 22[30]

[31]Der erste Satz der Eudämonologie ist eben, daß dieser Ausdruck eine Euphemie ist und daß »glücklich leben« nur bedeuten kann, möglichst wenig unglücklich, oder kurz, *erträglich leben*. Man könnte sehr wohl den Satz behaupten, daß *das Fundament der wahren Lebensweisheit* im Satz des Aristoteles darin bestehe, daß man, ganz unbekümmert um die Genüsse und Annehmlichkeiten des Lebens, einzig und allein bedacht sei, allen zahllosen Übeln desselben zu entgehn, so weit es möglich ist. Sonst müßte Voltaire's Satz *le bonheur n'est qu'un rêve, et la douleur est réelle*[32] so falsch sein, wie er in der Tat wahr ist. Sehr vieles Unglück stammt eben aus Unwissenheit hierin, welche durch den Optimismus begünstigt wird. Der Jüngling glaubt, die Welt sei gemacht, um genossen zu werden, sei ein Wohnsitz des Glücks, welches nur die verfehlen, denen es an Geschick gebricht zu suchen: hierin bestärken ihn Romane, Gedichte und die Gleisnerei, welche die Welt mit dem äußern Schein durchgängig und überall treibt.[33] Von nun an ist sein Leben eine (mit mehr oder weniger Überlegung angestellte) Jagd nach dem positiven Glück, welches natürlich aus positiven Genüssen bestehn

30 _ _ Siehe *Foliant*, § 270 [d.h. der neue Einleitungsentwurf zur *Eudämonologie*, vgl. unten, S.97ff.]

31 _ _ Zu Nr.9.

32 _ _ [»Das Glück ist nur ein Traum, und der Schmerz ist real«, Voltaire, Lettre à M. le Marquis de Florian, Ferney, 16. März 1774.]

33 _ _ *Spicilegia*, § 37: ‹Nur die *eigenen Gedanken* haben Wahrheit und Leben; denn nur die eigenen Gedanken

soll. Die Gefahr des Unglücks, der man sich dabei aussetzt, muß übernommen werden, denn auf Erlangung positiven Glücks und Genusses ist das Leben abgesehn. Die Jagd nach einem Wilde, was gar nicht existiert, führt ihn in der Regel zu dem sehr realen und positiven Unglück. – Dagegen ist der Weg der Lebensweisheit dieser, daß man ausgeht von der Überzeugung, daß alles Glück und Genuß nur negativer Natur sei, der Schmerz und Mangel dagegen realer und positiver Art. Von nun an ist der ganze Plan des Lebens auf Vermeidung von Schmerz und Entfernung von Mangel gerichtet; und da läßt sich etwas ausrichten, mit einiger Sicherheit aber erst dann, wann der Plan nicht gestört wird durch das Streben nach der Chimäre des positiven Glückes. Eine Bestätigung hievon ist die Grundmaxime Mittlers in den *Wahlverwandtschaften*.[34] Der Tor läuft den Genüssen des Lebens nach und sieht sich betrogen: denn die Übel, denen er aus dem Wege ging, sind höchst real: und ging er ihnen etwa zu weit aus dem Wege und gab manche Genüsse unnötiger Weise auf; so ist nichts davon verloren: denn alle Genüsse sind chimärisch: es wäre klein und lächerlich, über versäumte Genüsse zu trauern.[35]

versteht man ganz. Fremde, gelesene Gedanken sind geschissene Scheiße.〉 [A. Schopenhauer, *Der handschriftliche Nachlaß*, Bd. IV, Teilbd. 1, S. 255.]

34 -- [»Wer ein Übel los sein will, der weiß immer, was er will; wer was Bessers will, als er hat, der ist ganz starblind«, Goethe, *Die Wahlverwandtschaften*, Teil I, Kap. 2, gegen Ende.]

35 -- Siehe Nr. 17.

Lebensregel Nr. 23

Plautus sagt: *est in vita quasi cum ludas tesseris: si id quod jactu opus erat forte non cecidit, id quod cecidit arte corrigas (sic fere)* [»Im Menschenleben ist es wie im Würfelspiel: Fällt auch der Wurf nicht so, wie du ihn brauchst, so muß die Kunst verbessern, was der Zufall bot«, so ungefähr Terenz (nicht Plautus), *Adelphi*, IV, 7, vv. 739–741]. Ein ähnliches Gleichnis ist dies: Es ist im Leben wie im Schachspiel: in beiden machen wir zwar einen Plan: dieser bleibt aber ganz und gar bedingt durch das, was im Schachspiel der Gegner und im Leben das Schicksal zu tun belieben wird. Die Modifikationen dadurch sind meistens so bedeutend, daß unser Plan kaum noch an einigen Grundzügen in der Ausführung wiederzuerkennen ist.[36]

Lebensregel Nr. 24 Zu Lebensalter[37]

‹Was die *erste Hälfte des Lebens*, die so viele Vorzüge vor der zweiten hat, unglücklich macht, ist das Jagen nach Glück, aus der festen Voraussetzung, es müsse im Leben anzutreffen sein: daraus entspringt die fortwährend getäuschte Hoffnung und Unzufriedenheit. Täuschende Bilder eines geträumten, unbestimmten Glücks, unter kaprizios gewählten Gestalten, schweben uns vor, und wir suchen vergebens ihr Urbild.[38]

36 -- Hiezu Nr. 34.

37 -- Aus *Foliant*, § 273 [vgl. A. Schopenhauer, *Der handschriftliche Nachlaß*, Bd. III, S. 387–388.]

38 -- *Foliant*, § 145: ‹Das Leben wird uns früher durch die *Dichtung* als durch die *Wirklichkeit* bekannt: die

In der *zweiten Lebenshälfte* ist an die Stelle des stets unbefriedigten Sehnens nach Glück, Besorgnis vor Unglück getreten: für diese Rat zu finden ist denn doch objektive möglich: jetzt nämlich sind wir von jener Voraussetzung endlich geheilt und suchen nur Ruhe und möglichste Schmerzlosigkeit, woraus ein merklich zufriedenerer Zustand als der erste hervorgehn kann, da er etwas erreichbares begehrt, der die Entbehrungen der zweiten Hälfte überwiegt.[39]〉

geschilderten Szenen schweben im Morgenrot unsrer eignen Jugend vor uns, und uns ergreift eine starke Sehnsucht, sie *verwirklicht* zu sehn. Diese täuscht sehr. Denn was jenen Bildern den Reiz verleiht, ist grade allein dies, daß sie bloße Bilder und *nicht wirklich* sind und bei ihrem Anschauen wir uns in der Ruhe und Allgenugsamkeit des reinen Erkennens befinden. Verwirklicht werden heißt mit Wollen verschmolzen werden, welches Wollen unausweichbar Schmerzen herbeiführt. Alle Dinge sind schön zu *sehn*, aber peinlich zu *sein*. »Was im Leben uns verdrießt, / Man im Bilde gern genießt.« [Goethe, *Motto zu »Parabolisch«*, in: *Werke*, Weimarer Ausgabe, Böhlau, Weimar, 1887–1919, Bd. I, S. 327 *(Sprüche)*.]〉 [A. Schopenhauer, *Der handschriftliche Nachlaß*, Bd. III, S. 295.]

39 _ _ Vgl. *Reisebuch* [1822?], § 142: 〈Der Charakter der ersten Lebenshälfte ist die stets unerfüllte Sehnsucht nach Glück, der der zweiten die nur zu oft erfüllte Besorgnis vor Unglück: unglücklich sind also beide. Wenn, als ich jung war, geklingelt oder geklopft wurde, ward ich vergnügt, denn ich dachte, nun käme es.

Lebensregel Nr. 25

Wir müssen es dahin zu bringen suchen, daß wir, was wir besitzen, mit eben den Augen sehn, wie wir es sehn würden, wenn es uns entrissen würde: was es auch sei, Eigentum, Gesundheit, Freunde, Geliebte, Weib und Kind: meistens fühlen wir den Wert erst nach dem Verlust. Bringen wir es dahin, so wird erstlich der Besitz uns unmittelbar mehr beglücken; und zweitens werden wir auch auf alle Weise dem Verlust vorbeugen, das Eigentum keiner Gefahr aussetzen, die Freunde nicht erzürnen, die Treue der Weiber nicht auf Proben stellen, die Gesundheit der Kinder bewachen u.s.f. Wir pflegen beim Anblick alles dessen, was wir nicht haben, zu denken »wie, wenn das mein wäre?«, und dadurch machen wir uns die Entbehrung fühlbar. Statt dessen sollten wir bei dem, was wir besitzen, oft denken: »wie, wenn ich dieses verlöre?«.[40]

Jetzt, wenn es klopft, erschrecke ich, denn ich denke: »da kommts'!«
Der Grund der Verschiedenheit ist, daß die Erfahrung uns, wenn wir die zweite Hälfte erreicht haben, belehrt hat, daß alles Glück chimärisch, Unglück aber real sei.〉 [A. Schopenhauer, *Der handschriftliche Nachlaß*, Bd. III, S. 58], und § 23: 〈Die zweite Hälfte des Lebens enthält, wie die zweite Hälfte einer musikalischen Periode, weniger Strebsamkeit, aber mehr Beruhigung, Ruhe.〉 [ebda., S. 8].

40 _ _ Hiezu Nr. 40.

Lebensregel Nr. 26

Unsern Wünschen ein Ziel stecken, unsre Begierden im Zaum halten, unsern Zorn bändigen, stets eingedenk sein, daß dem Menschen ein unendlich kleiner Teil alles Wünschenswerten erreichbar ist, und sehr viele Übel unvermeidbar sind: so werden wir ἀνέχειν καὶ ἀπέχειν, *sustinere et abstinere* [ertragen und entsagen].[41] Außerdem werden wir auch bei dem größten Reichtum und der größten Macht uns armselig dünken.

Inter cuncta leges etc. [*et percontabere doctos*
Qua ratione queas traducere leniter aevum,
Num te semper inops agitet vexetque cupido,
Num pavor et rerum mediocriter utilium spes.

»Zwischen dem Werk, das du treibst, lies stets und befrage die Weisen,
Wie du leichten Sinnes hinbringen mögest das Leben,
daß Begierde dich nicht, die immer bedürftige quäle,
Noch auch Furcht und Hoffnung auf wenig nützliche Dinge.«

Horaz, *Epistulae*, I, 18, vv. 96–99]

Lebensregel Nr. 27

Öfter die betrachten, welche schlimmer daran sind als wir, denn die, welche besser zu sein scheinen. Bei unsern wirklichen Übeln ist der wirksamste Trost die Betrachtung viel größerer

[41] -- [ἀνέχου καὶ ἀπέχου lautet Epiktets Lebensregel nach Aulus Gellius, *Noctes Atticae*, XVII, 19, 6.]

Leiden anderer: nächst dem, der Umgang mit den *sociis malorum* [Leidensgefährten], die mit uns im selben Fall sind.[42]

Lebensregel Nr. 28 Zu Lebensalter

Mit Unrecht bemitleidet man die Freudenlosigkeit des Alters und beklagt es, weil manche Genüsse ihm versagt sind. Jeder Genuß ist relativ, nämlich ist bloße Befriedigung, Stillung eines Bedürfnisses: daß mit Aufhebung des Bedürfnisses der Genuß wegfällt, ist so wenig beklagenswert, als daß einer nach Tische nicht mehr essen und nach ausgeschlafener Nacht nicht mehr schlafen kann. Viel richtiger schätzt Plato (*Respublica*, I) das Greisenalter darin glücklich, daß die Begierde nach Weibern nun endlich schweigt. – Bequemlichkeit und Sicherheit sind die Hauptbedürfnisse des Alters: darum liebt man im Alter vor allem das Geld, – als den Ersatz der fehlenden Kräfte. Nächst dem ersetzen die Freuden der Tafel die Freuden der Liebe. An die Stelle des Bedürfnisses zu sehn, zu reisen und zu lernen ist das Bedürfnis zu lehren und zu sprechen getreten. Ein Glück aber ist es, wenn dem Greise die Liebe zum Studium, zur Musik, selbst zum Schauspiel geblieben ist.[43]

Lebensregel Nr. 29

Epikurs Satz:

⟨»Der naturgemäße Reichtum hat seine Grenzen und ist leicht zu erwerben; der durch nichtige Meinungen vorgegau-

[42] _ _ Hiezu Nr. 36.
[43] _ _ Hiezu Nr. 24.

kelte Reichtum zerfällt ins Unendliche«⟩ (Diogenes Laërtios, *Vitae philosophorum* X, 144).

⟨»Unter den Bedürfnissen sind einige natürlich und notwendig, andere natürlich und nicht notwendig, andere weder natürlich noch notwendig«⟩ (Diogenes Laërtios, *Vitae philosophorum*, X, 149).

Lebensregel Nr. 30

Tätigkeit, etwas Treiben, oder nur Lernen ist zum Glück des Menschen notwendig. Er will seine Kräfte in Tätigkeit setzen und den Erfolg dieser Tätigkeiten irgendwie wahrnehmen. (Vielleicht weil es ihm dafür bürgt, daß seine Bedürfnisse durch seine Kräfte gedeckt werden können.) – Darum fühlt man sich auf langen Vergnügungsreisen dann und wann sehr unglücklich. – Sich zu mühen und mit Widerstand zu kämpfen ist das wesentlichste Bedürfnis der menschlichen Natur: der Stillstand, der allgenugsam wäre im ruhigen Genuß, ist ihm etwas Unmögliches: Hindernisse überwinden ist der vollste Genuß seines Daseins: es gibt für ihn nichts Besseres. Die Hindernisse mögen nur materieller Art sein, wie beim Handeln und Treiben, oder geistiger Art, wie beim Lernen und Forschen: der Kampf mit ihnen und der Sieg über sie ist der Vollgenuß seines Daseins. Fehlt ihm die Gelegenheit dazu, so macht er sie, wie er kann: unbewußt treibt ihn dann seine Natur, entweder Händel zu suchen, oder Intriguen anzuspinnen, oder Gaunereien und sonst Schlechtigkeiten: nach Umständen. *Bilboquet.*[44]

[44] – – [Kugelfang, Geschicklichkeitsspiel, das in Frankreich zur Zeit Heinrich III. allgemein verbreitet war; vgl.

Lebensregel Nr. 31[45]

Zum Leitstern seiner Bestrebungen soll man nicht *Bilder der Phantasie* nehmen, sondern *Begriffe.* – Meistens geschieht das Umgekehrte. Besonders in der Jugend fixiert sich das Ziel unsers Glücks in der Gestalt von einigen Bildern, die uns vorschweben, oft das ganze oder halbe Leben hindurch, und eigentlich neckende Gespenster sind: denn haben wir sie erreicht, so zerinnen sie in nichts, wir sehn, daß sie gar nichts halten von dem, was sie versprechen: dergleichen sind einzelne Szenen des häuslichen, bürgerlichen, ländlichen Lebens, Bilder der Wohnung, Umgebung etc. etc. *Chaque fou a sa marotte* [Jeder Narr hat seine Kappe]. Dahin gehört oft auch das Bild der Geliebten. Natürlich ist dies: denn das Anschauliche wirkt, eben weil es das Unvermittelte ist, auch unmittelbarer auf unsern Willen, als der Begriff, der abstrakte Gedanke, der nur das Allgemeine, nicht das *Détail* gibt und nur eine mittelbare Beziehung auf den Willen hat. Dagegen aber hält dieser Wort. Er soll uns stets leiten und bestimmen. Freilich wird er wohl immer der Erläuterung und Paraphrase durch einige Bilder bedürfen.

die Bezeichnung »bille borcquet« in Rabelais, *Gargantua*, I.]

45 – – [Die Lebensregeln Nr. 31–35 sind enthalten in *Adversaria*, § 89, unter dem Titel »Fortsetzung der Eudämonik«; A. Schopenhauer, *Der handschriftliche Nachlaß*, Bd. III, S. 514–516.]

Wenigstens 9/10 unsers Glücks beruhen allein auf der Gesundheit. Denn zuvörderst hängt von ihr die Heiterkeit der Stimmung ab: wo diese vorhanden ist, scheinen die ungünstigsten feindlichsten äußern Verhältnisse erträglicher, als die glücklichsten, wo Kränklichkeit verdrießlich oder ängstlich macht. Man vergleiche die Art, wie man am gesunden und heitern Tage dieselben Dinge sieht, mit der Art, wie sie an kränklichen Tagen erscheinen. Nicht was die Dinge im äußern Zusammenhang der Erfahrung wirklich sind, sondern was sie für uns in unsrer Auffassung sind, macht uns glücklich oder unglücklich. Sodann kann die Gesundheit und sie begleitende Heiterkeit alles andre ersetzen, nichts aber sie. Endlich ist ohne sie kein äußres Glück genießbar, ist also für den kranken Besitzer nicht da: mit ihr ist alles eine Quelle des Genusses: daher ist ein gesunder Bettler glücklicher als ein kranker König. – Also ist es nicht ohne Grund, daß man sich gegenseitig immer nach dem Befinden erkundigt, nicht nach andern Dingen, und sich wohl zu befinden wünscht: denn das ist 9/10 alles Glücks. – Hieraus folgt, daß es die größte aller Torheiten ist, seine Gesundheit zum Opfer zu bringen für was es auch sei, für Erwerb, für Gelehrsamkeit, für Ruhm, für Beförderung, nun gar für Wollust und flüchtige Genüsse. Vielmehr soll man alles und jedes stets ihr nachsetzen.[46]

[46] – – Überhaupt zu vergleichen Cardanus, *De utilitate ex adversis capienda*, I, und *Baconi faber fortunae*.

Lebensregel Nr. 33[47]

Man muß Herr werden über den Eindruck des Anschaulichen und Gegenwärtigen, welches unverhältnismäßig stark ist gegen das bloß Gedachte und Gewußte, nicht durch seine Materie und Gehalt, die oft sehr unbedeutend, sondern durch seine Form, die Anschaulichkeit, Unmittelbarkeit, mittelst der er sich dem Gemüt aufdringt und seine Ruhe stört, oder wohl gar seine Vorsätze wanken macht. – So reizt uns das Angenehme, dem wir auf Überlegung entsagt haben, beim Anblick; – so kränkt uns ein Urteil, dessen Inkompetenz wir kennen, erzürnt uns eine Beleidigung, deren Verächtlichkeit wir einsehn; – so werden zehn Gründe gegen das Vorhandensein einer Gefahr überwogen vom falschen Schein ihrer wirklichen Gegenwart u. s. f.

Diesem Eindruck erliegen Weiber fast immer, und wenige Männer haben ein solches Übergewicht der Vernunft, daß sie von dessen Wirkung nicht litten. Wo wir diese nicht ganz überwältigen können durch Vergegenwärtigung bloßer Gedanken, ist das Beste, einen Eindruck durch den entgegengesetzten zu neutralisieren, z. B. den Eindruck einer Beleidigung durch Aufsuchen derer, die uns hochschätzen;[48] den Eindruck der Gefahr, welche droht, durch wirkliches Betrachten des ihr Entgegen-

[47] -- Gehört gleich nach Nr. 31.

[48] -- Ein Beispiel hievon *I promessi sposi* [2 Bde., Hauman, Bruxelles, 1836], Bd. I, S. 115. [Schopenhauer spielt auf Don Rodrigos Verhalten nach der Auseinandersetzung mit Bruder Cristoforo an, von der im 7. Kapitel des Romans die Rede ist.]

wirkenden. Es ist ein schweres Ding, wenn alle, die uns umgeben, andrer Meinung sind, als wir, und demnach sich benehmen, selbst wenn wir von ihrem Irrtum überzeugt sind, nicht erschüttert zu werden durch sie. Denn das Vorhandene, das Anschauliche wirkt, als leicht übersehbar, stets mit seiner vollen Gewalt: hingegen Gedanken und Gründe verlangen Zeit und Ruhe, um durchdacht zu werden, daher man sich nicht jeden Augenblick gegenwärtig haben kann. Einem flüchtigen, verfolgten *incognito* reisenden König muß das unter vier Augen beobachtete Unterwürfigkeitszeremoniell seines vertrauten Begleiters eine fast notwendige Stärkung sein, damit er am Ende nicht sich selbst bezweifle.

Dem hier Gesagten zufolge ist die sich in jedem Augenblick zudrängende und dem Unbedeutenden, das eben gegenwärtig ist, eine unverhältnismäßige Wichtigkeit und Bedeutsamkeit gebende anschauliche Erkenntnis eine beständige Störung und Verfälschung des Systems unsrer Gedanken: – so auch ist umgekehrt bei physischen Leistungen (wie im Werk [*Die Welt als Wille und Vorstellung*] gezeigt) der Gedanke ein Störendes der reinen anschaulichen Auffassung.

Lebensregel Nr. 34

Wenn man auf seinen zurückgelegten Lebenslauf zurücksieht und so manches verfehltes Glück, so manches herbeigezogenes Unglück erblickt, »des Lebens labyrinthisch irren Lauf« [Goethe, *Faust*, I, Zueignung, v. 14] –; so kann man in Vorwürfen gegen sich selbst leicht zu weit gehn. Denn unser Lebenslauf ist keineswegs so schlechthin unser eignes Werk; sondern das Produkt zweier Faktoren, nämlich der Reihe der

Begebenheiten und der Reihe unsrer Entschlüsse,[49] und zwar noch so, daß unser Horizont in beiden sehr beschränkt ist und wir unsre Entschlüsse nicht von weitem vorhersagen können, noch weniger aber die Begebenheiten voraussehn, sondern von beiden nur die gegenwärtigen kennen, deshalb wir, wenn unser Ziel noch ferne liegt, gar nicht einmal grade darauf zusteuern können, sondern nur approximativ und nach Mutmaßungen, d. h. wir müssen nach Maßgabe der Umstände uns jeden Augenblick entschließen, in der Hoffnung es so zu treffen, daß es uns dem Hauptziel näher bringt: so sind die vorliegenden Umstände und unsre Grundabsichten zweien nach verschiedenen Seiten ziehenden Kräften zu vergleichen, und die daraus entstehende Diagonale ist unser Lebenslauf.[50]

Lebensregel Nr. 35[51]

Was wir bei unsern Lebensplänen am häufigsten, ja beinahe notwendig außer Acht und Rechnung lassen, sind die Umwandlungen, welche die Zeit an uns selbst hervorbringt: daher

49 -- Und hier stehe beiläufig die, eine Lehre viel höherer Art, nämlich die von der εἱμαρμένη [Schicksal] betreffende Bemerkung, daß der letztere Faktor unser bewußtes und der erstere unser unbewußtes Werk ist. Daß es sich im Traume so verhalte, weiß jeder; daß es im Leben selbst nicht anders sei, werden stets nur wenige begreifen können. Der Traum ist das Monogramm des Lebens.

50 -- Hiezu Nr. 23.

51 -- Zu Nr. 42.

kommt es, daß wir so oft auf Dinge hinarbeiten, welche, wenn wir sie zuletzt erlangen, uns nicht mehr angemessen sind; oder auch daß wir mit den Vorarbeiten zu einem Werke die Jahre hinbringen, die uns zugleich die Kräfte zum Werke selbst unvermerkt rauben.

Lebensregel Nr. 36[52]

Um nicht sehr unglücklich zu werden, ist das sicherste Mittel, daß man nicht sehr glücklich zu werden verlange, also seine Ansprüche auf Genuß, Besitz, Rang, Ehre u.s.f. auf ein ganz Mäßiges herabsetze: denn eben das Streben und Ringen nach Glück zieht die großen Unglücksfälle herbei. Jenes ist aber schon darum weise und ratsam, weil sehr unglücklich sein gar leicht ist; sehr glücklich zu sein hingegen nicht etwa schwer, sondern ganz unmöglich.[53] Besonders erbaue man seine Glückseligkeit nicht, mittelst vieler Requisita, auf einem breiten Fundament: den auf solchem stehend stürzt es am leichtesten ein; da das Gebäude unsers Glückes sich in dieser Hinsicht umgekehrt verhält wie jedes andre, das auf breitem Fundament am festesten steht. Seine Ansprüche im Verhältnis zu seinen Mitteln jeder Art möglichst niedrig stellen ist das sicherste Mittel, großem Unglück zu entgehn. Denn alles positive Glück ist chimärisch, der Schmerz aber real.

52 -- [Die Lebensregeln Nr. 36–50 mit Ausnahme von Nr. 37 sind enthalten in *Adversaria*, § 215 unter dem Titel: »Fortsetzung der Eudämonik«; A. Schopenhauer, *Der handschriftliche Nachlaß*, Bd. III, S. 596–601].

53 -- Hiezu Nr. 35, 42.

Auream quisquis mediocritatem
Diligit, [*tutus caret obsoleti*
Sordibus tecti, caret invidenda
Sobrius aula.
Saevius ventis agitatur ingens
Pinus: et celsae graviore casu
Decidunt turres: feriuntque summos
Fulgura montes.

»Wer da wählt die goldene Mitte, sicher
Bleibt er fern vom Schmutze der morschen Hütte,
Bleibt, genügsam, fern vom mißgönnten Prunke
Fürstlichen Schlosses:
Heftiger schwankt vom Sturme gefaßt der mächtgen
Pinie Haupt, hochragende Türme stürzen
Schweren Falls zusammen, der Berge Gipfel
Treffen die Blitze.«
Horaz, *Carmina*, II, 10, vv. 5–12]

Lebensregel Nr. 37[54]

⟨Eben weil im Leben das Leiden überwiegend und positiv, die Genüsse aber negativ sind, wird der, welcher *die Vernunft* zur Richtschnur seines Tuns macht und daher bei allem, was er angibt, die Folgen und die Zukunft bedenkt, das *substine und abstine* sehr häufig anwenden müssen und um die möglichste Schmerzlosigkeit des ganzen Lebens zu sichern, die lebhafte-

[54] -- Steht in *Cogitata*, S. 18 [unveröffentlicht, aus dem autographischen Manuskript transkribiert].

sten Genüsse und Freuden meistens zum Opfer bringen.[55] Daher spielt die Vernunft meistens die Rolle eines grämlichen Mentors und trägt unabläßlich auf Entsagungen an; ohne dafür etwas anderes auch nur versprechen, als eine ziemlich schmerzlose Existenz. Das kommt daher, daß die Vernunft mittelst ihrer Begriffe *das Ganze* des Lebens umfaßt, und dessen Ergebnis ist im berechenbar glücklichsten Falle kein anderes als das gemeldete. Die Torheit faßt nur einen *Zipfel* des Lebens, und der kann sehr genußreich sein.>

Lebensregel Nr. 38[56]

Jeder lebt in einer andern Welt, und diese fällt verschieden aus, nach der Verschiedenheit der Köpfe: dieser gemäß ist sie arm, schal, flach, oder reich, interessant, bedeutungsvoll. Sogar die Verschiedenheit, welche Schicksal, Umstände, Umgebung in der Welt eines jeden hervorbringen, ist von geringerer Bedeutung als diese. Überdies ist die letztere unter der Hand des Zufalls wandelbar, erstere von der Natur unwiderruflich festgesetzt.

Es kommt daher, im Guten wie im Schlimmen, unendlich weniger darauf an, was einem im Leben begegnet und

55 -- [*Am Rand:*] Bei ihm borgt stets die Zukunft von der Gegenwart; statt daß beim leichtsinnigen Toren die Gegenwart immer von der Zukunft borgt, die daher Bankrott wird.

56 -- Kommt zu *Foliant*, § 270, S. 364 [d. h. zu dem neuen Einleitungsentwurf zur *Eudämonologie*, vgl. unten, S. 100].

widerfährt, als darauf, wie er es empfindet, auf die Art und den Grad seiner Empfänglichkeit in jeder Art.[57] Mit Unrecht beneidet oft einer den andern um manche interessante Begebenheiten seines Lebens: statt daß er ihn um die Empfänglichkeit beneiden sollte, vermöge welcher jene Begebenheiten in seiner Beschreibung so interessant erscheinen. Dieselbe Begebenheit, die einem Genie begegnend höchst interessant ist, wäre einem schalen Kopfe eine schale Szene aus der Alltagswelt geworden. – So ist dem Melancholikus schon eine Trauerspielszene, was dem Phlegmatikus und dem Sanguinikus viel weniger. Wir sollten daher weniger auf den Besitz äußerer Güter bedacht sein, als auf die Erhaltung eines heitern und glücklichen Temperaments und eines gesunden Sinnes, die großen Teils von der Gesundheit abhängen: *mens sana in corpore sano* [»ein gesunder Geist im gesunden Leib«, Juvenal, *Satyrae*, IV, 10, 356].

Ich habe gleich eingangs der Eudämonik gesagt, daß *was wir haben* und *was wir vorstellen* sehr untergeordnete Rücksichten sind, gegen das *was wir sind. Der Zustand des Bewußt-*

---

57 -- *Cogitata*, S. 361 [unveröffentlicht, aus dem autographischen Manuskript transkribiert:] ⟨Was einer in sich ist und [*gestrichen:* daher] an sich selber hat, kurz seine Persönlichkeit und dann Wert, ist das einzige *Unmittelbare* zu seinem Glück und Wohlsein. Alles andere ist *mittelbar* und seine Wirkung kann daher vereitelt werden; die des ersteren nicht; daher auch erregt es, wenn wahrgenommen, so besonderen *Neid* [*Am Rande:* »Das höchste Glück ist die Persönlichkeit«, vgl. Goethe, *West-östlicher Divan*, Buch Suleika, 7. Stück].⟩

58 *Pandectae*, § 156: ⟨Wenn wie Goethe (*Dichtung und Wahrheit*, Bd. III, S. 474 [III. Teil, Buch XV, zu Anfang]) sagt und gewiß wahr ist, *Jeder* zuletzt immer auf sich *selbst zurückgewiesen* wird; wie viel hat da nicht das *Genie* voraus! und auf der andern Seite *omnis stultitia laborat fastidio sui* [»Alle Torheit wird sich selber zum Verdruß«] sagt Seneca [*Epistulae ad Lucilium*, IX, 22] (nach *Petrarca de vita solitaria*, [Joannes le Preux, Bernae, 1605], S. 96). Was einer *ist*, die Individualität, wirkt jeden Augenblick, hingegen was er *hat*, oder was er in der Welt *vorstellt*, immer nur zu Zeiten: ἡ γὰρ φύσις βεβαία, οὐ τὰ χρήματα [»Denn die Natur ist zuverlässig, nicht das Geld«, Aristoteles, *Eudemische Ethik*, VII, 2, 1238a 12]. Wenn ein Mensch mit dieser Gabe geboren ist, dann bleibt, für sein Glück, nur noch *eine* Frage, worauf es ankommt: ob er diesem Genie leben kann? d. h. ob ihm Gesundheit, Ausbildung und Muße wird, damit er seine ganze Lebenszeit hindurch, soviel als möglich, jeden Tag und jede Stunde ganz er selbst sein kann. [*Anmerkung:* Siehe Εἰς ἑαυτόν, in der Mitte, 1836.] Ist dies nicht; so ist er unglücklich: ist es hingegen; so ist er eben dadurch so glücklich, wie er werden kann, ja vielleicht so glücklich als irgendeiner, auf dieser traurigen Welt, werden kann. Chamfort sagt: *Le bonheur n'est pas chose aisée: il est difficile de le trouver en soi-même, et impossible de le trouver ailleurs. Sic fere.* [»Das Glück ist keine leichte Sache: es ist schwer, es in uns selbst, und unmöglich, es anderwo zu finden«, Chamfort, *Oeuvres*, vol. IV, *Caractêres et anecdotes*, Imprimerie des Sciences et des Arts, Paris,

seins allein ist das Bleibende und anhaltend Wirkende: alles Übrige wirkt nur vorübergehend.[58] Aber das Vorherrschen des Intellekts über den Willen, da dieser stets viel Pein und wenig wirkliche Freude bringt, die große Lebendigkeit und Kapazität des Intellekts, welche die Langeweile bannt und den Menschen reich in sich macht, unendlich mehr leistend als alle Zerstreuungen, die der Reichtum kauft, ferner ein zufriedenes vernünftiges Gemüt, darauf kommt es sehr an. – Der Zustand, die Beschaffenheit des Bewußtseins, ist, in Hinsicht auf das Glück unsers Daseins, ganz und gar die Hauptsache. Denn das Bewußtsein allein ist ja das *Unmittelbare*, alles andere ist mittelbar, durch und in demselben. Da unser Leben nicht, wie das der Pflanze, ein unbewußtes ist, sondern *ein bewußtes*, mithin zur Basis und durchgängigen Bedingung ein *Bewußtsein* hat; so ist offenbar die Beschaffenheit und der Grad der Vollkommenheit dieses Bewußtseins das Wesentlichste zum angenehmen oder unangenehmen Leben.[59]

1795, p. 433]. Was er nun noch außerdem entweder besitzt oder entbehrt, ist jedenfalls nur accessorisch und eigentlich Nebensache: dahin gehört auch Anerkennung und Ruhm. Wer weise geworden, sieht ein, daß für Eines Glück Alles daran liegt, was er *selbst sich selbst* sei; hingegen gar nichts daran, was er in der Meinung andrer sei: den mittelbaren Einfluß hievon bei Seite gesetzt.〉 [A. Schopenhauer, *Der handschriftliche Nachlaß*, Bd. IV, Teilbd. 1, S. 219.]

59 – – (Hiezu Εἰς ἑαυτόν die mittelste Seite.)

Lebensregel Nr. 39[60]

⟨Ich habe schon (Abhandlung von der Freiheit)[61] gesagt, daß man, wegen der geheimen Macht, welche auch den zufälligsten Begebenheiten unsers Lebens vorsteht (davon ich ausführlich geredet), sich gewöhnen soll, jede Begebenheit als *notwendig* zu betrachten,[62] welcher Fatalismus viel beruhigendes hat und im Grunde richtig ist. Es folgt aber unwidersprechlich aus dem bloßen Kausalitätsgesetz:[63] Wahrhaft *möglich* war stets (wie Diodorus Megaricus richtig sagt,[64] in meinem Werk [*Die Welt als Wille und Vorstellung*], S. 650) nur das, was *wirklich* geworden ist oder noch wird. Doch das Feld der Möglichkeit so viel größer als das der Wirklichkeit ist, ist teils nur scheinbar, weil der Begriff mit einem Schlage eine Unendlichkeit umfaßt, hingegen die unendliche Zeit, in der solche reali-

60 -- Aus *Cogitata*, § 45 (aber es steht früher irgendwo noch besser) Fatalismus. Zu Nr. 41 unten. [A. Schopenhauer, *Der handschriftliche Nachlaß*, Bd. IV, Teilbd. 1, S. 20 bis 21.].

61 -- [Vgl. *Über die Freiheit des menschlichen Willens*, Kap. 3, gegen Ende.]

62 -- ja als so unwiderruflich vorher bestimmt, wie die des Romans, welchen man liest.

63 -- [*Nachträglich gestrichen:*] Das ist jedoch eine ganz transzendentale Betrachtung, deren Wahrheit nicht demonstrabel ist. Hingegen ist folgende rein logische Wahrheit gleichsam die äußere Erscheinung jener.

64 -- »Nur was wirklich wird, ist möglich gewesen: und alles Wirkliche ist auch notwendig«, Cicero, *De fato*, S. 316.

lisiert wird, uns nicht gegeben werden kann und wir daher nicht das Feld der Wirklichkeit, das wie die Zeit unendlich ist, ganz übersehn, daher es kleiner erscheint; teils ist bloß von einer theoretischen Möglichkeit die Rede. Nämlich so: Möglich ist, was geschehn kann: aber was geschehn *kann*, geschieht gewiß, denn sonst kann es nicht geschehn. Die Wirklichkeit ist die Konklusion eines Schlusses, zu dem die Möglichkeit die Prämissen gibt.

{Es war offenbar, daß das, dessen Grund gesetzt ist, unausbleiblich folgt, d.h. nicht nichtsein kann, also notwendig ist. An diese letzte Bestimmung aber hielt man sich ganz allein und sagte: notwendig ist, was nicht anders sein kann, oder dessen Gegenteil unmöglich. Man ließ aber den Grund und die Wurzel solcher Notwendigkeit außer acht, übersah die daraus sich ergebende Relativität aller Notwendigkeit und machte dadurch die ganz undenkbare Fiktion von einem *absolut Notwendigen*, d.h. von einem Etwas, dessen Dasein so unausbleiblich wäre wie die Folge aus dem Grunde, das aber doch nicht Folge aus einem Grunde wäre und daher von nichts abhinge; welcher Beisatz eben eine absurde Petition ist, weil sie dem Satz vom Grunde widerstreitet. Von dieser Fiktion nun ausgehend erklärte man, der Wahrheit diametral entgegen, gerade alles, was durch einen Grund gesetzt ist, für das Zufällige, indem man nämlich auf das Relative seiner Notwendigkeit sah und diese verglich mit jener ganz aus der Luft gegriffenen, in ihrem Begriff sich widersprechenden *absoluten* Notwendigkeit.[65] Diese

[65] -- Man sehe Christian Wolff's *Vernünftige Gedanken von Gott, Welt und Seele*, §§ 577–579. – Sonderbar ist es, daß er nur das nach dem Satz vom Grunde des Wer-

grundverkehrte Bestimmung des Zufälligen behält nun auch Kant bei und gibt sie als Erklärung: *Kritik der reinen Vernunft*, V, S. 289–291; 243; V, 301; 419, 458, 460; V, 447, 486, 488.[66] Er gerät dabei sogar in den augenfälligsten Widerspruch mit sich selbst, indem er S. 301 sagt: »Alles Zufällige hat eine Ursache«, und hinzufügt: »Zufällig ist, dessen Nichtsein möglich«. Was aber eine Ursache hat, dessen Nichtsein ist durchaus unmöglich: also ist es notwendig. – Übrigens ist der Ursprung dieser ganzen falschen Erklärung des Notwendigen und Zufälli-

dens Notwendige, d.h. aus Ursachen Geschehende, für zufällig erklärt, hingegen das nach den übrigen Gestaltungen des Satzes vom Grunde Notwendige auch dafür anerkennt, z.B. was aus der *essentia* (Definition) folgt, also die analytischen Urteile, ferner auch die mathematischen Wahrheiten. Als Grund hievon gibt er an, daß nur das Gesetz der Kausalität endlose Reihen gebe, die andern Arten von Gründen aber endliche. Dies ist jedoch bei den Gestaltungen des Satzes vom Grunde im reinen Raum und Zeit gar nicht der Fall, sondern gilt nur vom logischen Erkenntnisgrund: für einen solchen hielt er aber die mathematische Notwendigkeit. – Vergleiche: Abhandlung über den Satz vom Grunde, § 50.

66 [Schopenhauer zitiert die *Kritik der reinen Vernunft* nach der Paginierung der Erstausgabe (Hartknoch, Riga, 1781) oder nach der 5. Auflage (Hartknoch, Leipzig, 1799), die mit der 2. Auflage von 1787 identisch ist, und bezeichnet sie mit der römischen Zahl V, nach der die Seitenangabe in arabischen Zahlen folgt.]

gen schon bei Aristoteles zu finden, und zwar *De generatione et corruptione*, II, 9 und 11, wo nämlich das Notwendige erklärt wird als das, dessen Nichtsein unmöglich ist: ihm steht gegenüber das, dessen Sein unmöglich ist; und zwischen diesen beiden liegt nun das, was sein und nicht sein kann, – also das Entstehende und Vergehende, und dieses wäre dann das Zufällige. Nach dem oben Gesagten ist es klar, daß diese Erklärung, wie so viele des Aristoteles, entstanden ist aus dem Stehnbleiben bei abstrakten Begriffen, ohne auf das Konkrete und Anschauliche zurückzugehn, in welchem doch die Quelle aller abstrakten Begriffe liegt, durch welches sie daher stets kontrolliert werden müssen. »Etwas, dessen Nichtsein unmöglich ist« – läßt sich allenfalls *in abstracto* denken: aber gehn wir damit zum Konkreten, Realen, Anschaulichen, so finden wir nichts, den Gedanken, auch nur als ein Mögliches, zu belegen, – als eben nur die besagte Folge eines gegebenen Grundes, deren Notwendigkeit jedoch eine relative und bedingte ist.

Ich füge bei dieser Gelegenheit noch einige Bemerkungen über jene Begriffe der Modalität hinzu. – Da alle Notwendigkeit auf dem Satze vom Grunde beruht, und eben deshalb relativ ist; so sind alle *apodiktischen* Urteile ursprünglich und ihrer letzten Bedeutung nach *hypothetisch*. Sie werden *kategorisch* nur durch den Zutritt einer *assertorischen* Minor, also im Schlußsatz. Ist diese Minor noch unentschieden, und wird diese Unentschiedenheit ausgedrückt; so gibt dieses das *problematische* Urteil.

Was im Allgemeinen (als Regel) apodiktisch ist (ein Naturgesetz), ist in Bezug auf einen einzelnen Fall immer nur problematisch, weil erst die Bedingung wirklich eintreten muß, die den Fall unter die Regel setzt. Und umgekehrt, was im

Einzelnen als solches notwendig (apodiktisch) ist (jede einzelne Veränderung, notwendig durch ihre Ursache), ist überhaupt und allgemein ausgesprochen wieder nur problematisch; weil die eingetretene Ursache nur den einzelnen Fall traf, und das apodiktische, immer hypothetische Urteil stets nur allgemeine Gesetze aussagt, nicht unmittelbar einzelne Fälle. – Dieses alles hat seinen Grund darin, daß die Möglichkeit nur im Gebiet der Reflexion und für die Vernunft da ist, das Wirkliche im Gebiet der Anschauung und für den Verstand; das Notwendige für beide. Sogar ist eigentlich der Unterschied zwischen notwendig, wirklich und möglich nur *in abstracto* und dem Begriffe nach vorhanden; in der realen Welt hingegen fallen alle drei in eins zusammen. Denn alles, was geschieht, geschieht *notwendig*; weil es aus Ursachen geschieht, diese aber selbst wieder Ursachen haben; so daß sämtliche Hergänge der Welt, große wie kleine, eine strenge Verkettung des notwendig Eintretenden sind. Demgemäß ist alles Wirkliche zugleich ein Notwendiges, und in der Realität zwischen Wirklichkeit und Notwendigkeit kein Unterschied; und eben so keiner zwischen Wirklichkeit und Möglichkeit: denn was nicht geschehn, d.h. nicht wirklich geworden ist, war auch nicht möglich; weil die Ursachen, ohne welche es nimmermehr eintreten konnte, selbst nicht eingetreten sind, noch eintreten konnten, in der großen Verkettung der Ursachen: es war also ein Unmögliches. Jeder Vorgang ist demnach entweder notwendig oder unmöglich. Dieses alles gilt jedoch bloß von der empirisch realen Welt, d.h. dem Komplex der einzelnen Dinge, also vom ganz Einzelnen als solchem. Betrachten wir hingegen, mittelst der Vernunft, die Dinge im Allgemeinen, sie *in abstracto* auffassend, so treten Notwendigkeit, Wirklichkeit und Möglichkeit wieder auseinander: wir erkennen dann alles den unserm Intellekt angehörenden Gesetzen *a priori* Gemäße als überhaupt möglich; das den empirischen Naturgesetzen Entsprechende als in dieser Welt möglich, auch wenn es nie wirklich geworden, unterscheiden also deutlich das Mögliche vom Wirklichen. Das Wirkliche ist an sich selbst zwar stets auch ein Notwendiges, wird aber als solches nur von dem aufgefaßt, der seine Ursache kennt: abgesehn von dieser ist und heißt es zufällig. Diese Betrachtung gibt uns auch den Schlüssel zu jener *contentio* περὶ δυνατῶν [Streit über die Möglichkeit] zwischen dem Megariker Diodoros und Chrysippos dem Stoiker, welche Cicero vorträgt im Buche *De fato*. Diodoros sagt: »Nur was wirklich wird, ist möglich gewesen: und alles Wirkliche ist auch notwendig.« – Chrysippos dagegen: »Es ist Vieles möglich, das nie wirklich wird: denn nur das Notwendige wird wirklich.« – Wir können uns dies so erläutern. Die Wirklichkeit ist die Konklusion eines Schlusses, zu dem die Möglichkeit die Prämissen gibt. Doch ist hiezu nicht allein die Major, sondern auch die Minor erfordert; erst beide geben die volle Möglichkeit. Die Major nämlich gibt eine bloß theoretische, allgemeine Möglichkeit *in abstracto*: diese macht an sich aber noch gar nichts möglich, d.h. fähig wirklich zu werden. Dazu gehört noch die Minor, als welche die Möglichkeit für den einzelnen Fall gibt, indem sie ihn unter die Regel bringt. Dieser wird eben dadurch sofort zur Wirklichkeit. Z.B.:

Major: Alle Häuser (folglich auch mein Haus) können abbrennen.
Minor: Mein Haus gerät in Brand.
Konklusion: Mein Haus brennt ab.

Denn jeder allgemeine Satz, also jede Major, bestimmt, in Hinsicht auf die Wirklichkeit, die Dinge stets nur unter einer Voraussetzung, mithin hypothetisch: z. B. das Abbrennenkönnen hat zur Voraussetzung das Inbrandgeraten. Dieser Voraussetzung wird in der Minor beigebracht. Allemal ladet die Major die Kanone: allein erst wenn die Minor die Lunte hinzubringt, erfolgt der Schluß, die Konklusio. Das gilt durchweg vom Verhältnis der Möglichkeit zur Wirklichkeit. Da nun die Konklusio, welche die Aussage der Wirklichkeit ist, stets *notwendig* erfolgt; so geht hieraus hervor, daß alles, was wirklich ist, auch notwendig ist; welches auch daraus einzusehn, daß Notwendigsein nur heißt, Folge eines gegebenen Grundes sein: dieser ist beim Wirklichen eine Ursache: also ist alles Wirkliche notwendig. Demnach sehn wir hier die Begriffe des Möglichen, Wirklichen und Notwendigen zusammenfallen und nicht bloß den letzteren den ersteren voraussetzen, sondern auch umgekehrt. Was sie auseinanderhält, ist die Beschränkung unsers Intellekts durch die Form der Zeit: denn die Zeit ist das Vermittelnde zwischen Möglichkeit und Wirklichkeit. Die Notwendigkeit der einzelnen Begebenheit läßt sich durch die Erkenntnis ihrer sämtlichen Ursachen vollkommen einsehn: aber das Zusammentreffen dieser sämtlichen, verschiedenen und voneinander unabhängigen Ursachen erscheint für uns als *zufällig*, ja die Unabhängigkeit derselben voneinander ist eben der Begriff der Zufälligkeit. Da aber doch jede von ihnen die notwendige Folge *ihrer* Ursache war, deren Kette anfangslos ist; so zeigt sich, daß die Zufälligkeit eine bloß subjektive Erscheinung ist, entstehend aus der Begrenzung des Horizonts unsers Verstandes, und so subjektiv, wie der optische Horizont, in welchem der Himmel die Erde berührt.}〉[67]

LEBENSREGEL NR. 40[68]

Gewöhnlich suchen wir das Trübe der Gegenwart aufzuhellen durch Spekulation auf günstige Möglichkeiten und bilden uns hundert chimärische Hoffnungen ein, von denen jede schwanger ist mit einem *Disappointement*, wenn sie, wie meistens, unerfüllt bleibt: statt dessen sollten wir lieber alle schlimmen Möglichkeiten zum Gegenstand unsrer Spekulation machen, welches teils Vorkehrungen veranlassen würde, ihnen vorzubeugen, teils angenehme Überraschungen, wenn sie nicht eintreten. ⟨Finstre und ängstliche Charaktere werden manche imaginäre, aber weniger wirkliche Leiden antreffen als heitere und sorglose: denn wer alles schwarz sieht und immer das Schlimmste befürchtet, wird sich nicht so oft verrechnet haben, als wer stets den Dingen heitre Farbe und Aussicht leiht.⟩[69]

67 -- [Der in geschweiften Klammern stehende Teil des Paragraphen aus den *Cogitata* ist in der *Welt als Wille und Vorstellung*, »Kritik der Kantischen Philosophie«, S.552–556 aufgenommen.]

68 -- Zu Nr. 25.

69 -- [Aus *Brieftasche*, § 58; A. Schopenhauer, *Der handschriftliche Nachlaß*, Bd. III, S. 163. Dieser Paragraph ist »notiert zur *Eudämonologie*« und wird aufgrund einer Mutmaßung des Herausgebers an dieser Stelle eingeschoben.]

Lebensregel Nr. 41

Wenn etwas Schlimmes da ist; sich auch nicht den Gedanken erlauben, daß es anders sein könnte. Fatalismus, davon schon geredet. (Unmittelbar aber nicht mittelbar gut.)

Lebensregel Nr. 42[70]

Eine der größten und häufigsten Torheiten ist, daß man *weitläufige Anstalten zum Leben* macht, in welcher Art es auch immer sein mag. Bei diesen ist zuerst auch ein ganzes und volles Menschenleben gerechnet, welches aber die wenigsten erreichen: – sodann ist es, selbst wenn sie so lange leben, doch zu kurz für die Pläne, da deren Ausführung immer sehr viel mehr Zeit erfordert als man angenommen hat; – sodann sind sie, wie alle menschlichen Dinge, dem Mißlingen, den Hindernissen so sehr ausgesetzt, daß sie selten zum Ziel gebracht werden: und ist endlich auch alles erreicht, so hat man aus der Rechnung gelassen, daß der Mensch selbst sich mit den Jahren ändert[71] und nicht dieselben Fähigkeiten weder zum Leisten noch zum Genießen behält: worauf er sein ganzes Leben hingearbeitet hat, das ist ihm im Alter ungenießbar, – den so schwer erreichten Posten ist er nicht mehr im Stande auszufüllen, also die Dinge kommen zu spät für ihn: oder auch umgekehrt, er kommt zu spät mit den Dingen, wenn er etwas Besonderes leisten und zu Stande bringen gewollt: Der Geschmack der Zeit hat sich geändert: ein neues Geschlecht

[70] -- Hiezu Nr. 35 und Nr. 36.
[71] -- Hier Nr. 35.

nimmt keinen Anteil daran: Andere sind auf kürzerm Wege ihm zuvorgekommen:

Quid aeternis minorem
Consiliis animum fatigas?

[»Was mühst du deinen Geist,
Der doch zu schwach ist für ewige Pläne?«
Horaz, *Carmina*, II, 11, vv. 11–12].

Der Anlaß zu diesem häufigen Mißgriff ist die natürliche Täuschung, vermöge der das Leben, vom Eingang aus gesehn, endlos, oder wenn man vom Ende der Bahn zurück sieht, äußerst kurz erscheint (Opernkucker). Freilich hat sie ihr Gutes: denn ohne sie käme schwerlich etwas Großes je zu Stande.

Lebensregel Nr. 43

Wen die Natur *reich ausgestattet* hat (hier paßt der Ausdruck recht im eigentlichen Sinn), der hat von außen nichts weiter nötig, als die freie Muße, um seinen innern Reichtum genießen zu können. Er ist, wenn ihm nur diese wird, eigentlich der Glücklichste; so gewiß das Ich uns unendlich näher liegt als das Nicht-ich: alles Äußere ist und bleibt Nicht-ich; das Innen, das Bewußtsein und sein Zustand sind allein das Ich, und in ihm liegt ganz allein unser Wohl und unser Weh. – NB. diese Begriffe Ich und Nicht-ich sind für die Metaphysik viel zu roh, da das Ich nicht einfach ist: allein für die Eudämonologie sind sie ausreichend.

Lebensregel Nr. 44

Die Hauptwahrheit der Eudämonologie bleibt, daß es viel weniger darauf ankommt, was man *hat*, oder *vorstellt*, als was man *ist*. »Das größte Glück ist die Persönlichkeit« [vgl. Goethe, *West-östlicher Divan*, Buch Suleika, 7. Stück]. In allem und bei allem genießt man eigentlich nur sich selbst: taugt das Selbst nicht viel, so sind alle Genüsse wie köstliche Weine in einem mit Galle tingierten Munde. – Wie nun die großen Feinde des menschlichen Glücks zwei sind, *Schmerz* und *Langeweile*; so hat die Natur auch der Persönlichkeit gegen jedes von beiden ein Schutzmittel verliehen: gegen den Schmerz (der viel öfter geistig als körperlich ist) die *Heiterkeit*, und gegen die Langeweile den Geist. – Beide sind jedoch einander nicht verwandt, ja in den höchsten Graden wohl gar inkompatibel. Das Genie ist der Melancholie verwandt [*Aristoteles ait*] *omnes ingeniosos melancholicos esse* [»Aristoteles sagt, daß alle genialen Menschen melancholisch sind«, Cicero, *Tusculanae disputationes*, I, 33, 80]; und die sehr heitern Gemüter sind nur von oberflächlichen Geisteskräften. Je besser also eine Natur gegen das eine dieser Übel ausgerüstet ist, desto schlechter ist sie es, in der Regel, gegen das andre. – Frei von Schmerz und Langeweile bleibt kein Menschenleben: nun ist es eine besondre Gunst des Schicksals, wenn es einen Menschen hauptsächlich demjenigen jener beiden Übel aussetzt, gegen welches er von der Natur am besten ausgerüstet ist, vielen Schmerz dahin schickt, wo viel Heiterkeit ist, ihn zu tragen, und viel leere Muße dahin, wo viel Geist ist; – nicht aber umgekehrt. Denn der Geist läßt die Schmerzen doppelt und vielfach empfinden; und einem heitern Gemüt ohne Geist ist Einsamkeit und unausgefüllte Muße ganz unerträglich.[72]

Lebensregel Nr. 45

Δύσκολος [mürrisch] ist, wer, bei gleichen Chancen für und wider ihn, sich nicht freut, wenn der Ausgang ihm günstig, aber sich ärgert, wenn er ihm ungünstig ist. – Εὔκολος [heiter] ist, wer bei günstigem Ausgang sich freut, bei ungünstigem sich nicht ärgert. ⟨Die Empfänglichkeit für angenehme und unangenehme Eindrücke ist bei verschiedenen Menschen höchst verschieden. Was den einen beinahe zur Verzweiflung bringt, daher lacht noch der andre.

Nature has fram'd strange fellows in her time:
Some that will evermore peep through their eyes,
And laugh, like parrots, at a bag-piper;
And others of such vinegar aspect,
That they'll not show their teeth in way of smile,
Though Nestor swear the jest be laughable.
Merchant of Venice, sc. 1

[»Die Natur hat, in ihren Tagen, seltsame Käuze
hervorgebracht.
Einige, die stets aus ihren Äugelein vergnügt
hervorgucken
und wie Papageien über einen Dudelsackspieler lachen,

72 _ _ Siehe Nr. 50.

und andre von so sauertöpfischen Ansehn,
daß sie ihre Zähne nicht durch ein Lächeln bloßlegen,
wenn auch Nestor selbst schwüre, der Spaß sei
lachenswert.«

Shakespeare, *Der Kaufmann von Venedig*, I, 1][73]

Diese Verschiedenheit bezeichnet Plato durch δύσκολος und εὔκολος. – Je größer die Empfänglichkeit für unangenehme Eindrücke, desto schwächer pflegt die für angenehme zu sein und umgekehrt. – Der Grund des Unterschiedes liegt wohl in der mehr oder minder gehörigen Spannung *(tonus)* der Nerven und in der Beschaffenheit der Verdauungswerkzeuge.

Die δυσκολία ist große Empfänglichkeit für alle unangenehmen Eindrücke. Die εὐκολία verhält sich umgekehrt. Erreicht durch körperliche Unordnungen (die meistens im Nerven- oder Verdauungssystem liegen) die δυσκολία einen sehr hohen Grad, so ist die mindeste Unannehmlichkeit hinreichendes Motiv zum *Selbstmord*: ja beim höchsten Grad der δυσκολία bedarf es nicht einmal eines besondern Unfalls, sondern aus reinem dauernden Mißbehagen (Lebensüberdruß) wird der Selbstmord mit so kühler Überlegung und fester Entschlossenheit ausgeführt, daß der meistens schon bewachte Kranke stets bereit ist und den ersten unbewachten Moment ohne alles Zaudern oder Kampf benutzt und dahin eilt wie zu dem einzigen natürlichen *soulagement* [Erleichterung]. Dieser aus offenbarer δυσκολία hervorgehende *Selbstmord* ist krankhaft und wird

73 -- [Schopenhauers Übersetzung aus *Parerga und Paralipomena*, Bd. I, S. 347, Anmerkung.]

als solcher ausführlich von Esquirol (Seelenstörungen) beschrieben.[74]

Allein auch den gesundesten Menschen kann die Größe eines Unglücks zum *Selbstmord* treiben.

Der Unterschied liegt allein in der verschiedenen Größe des Anlasses und ist ein relativer, weil das Maß der δυσκολία und εὐκολία in unendlichen Graden verschieden ist. Je kleiner das Unglück, welches Motiv wird, desto größer muß die δυσκολία sein und desto mehr ist der Fall krankhaft. – Und je größer das Unglück, desto gesünder und mehr εὔκολος ist der Mensch.[75]

Die Übergangs- und Mittelstufen abgerechnet, gibt es also zweierlei Selbstmord, den des Kranken aus δυσκολία und den des Gesunden aus Unglück.

Wegen der großen Verschiedenheit der δυσκολία und εὐκολία gibt es keinen Unfall, der so klein wäre, daß er nicht, bei genugsamer δυσκολία, Motiv zum Selbstmord werden könnte, und keinen, der so groß, daß er es bei jedem Menschen werden müßte.

Aus der Schwere und Realität des Unglücks ist der Grad der Gesundheit des Selbstmörders zu beurteilen. Will man annehmen, daß ein vollkommen gesunder Mensch so εὔκολος sein müsse, daß kein Unglück seinen Lebensmut aufheben kann; dann ist es richtig zu sagen, daß alle Selbstmörder geistes-

[74] – – [Jean-Etienne Dominique Esquirol (1772–1840), Nervenarzt und Verfasser zahlreicher Abhandlungen über Geisteskrankheiten.]

[75] – – Hiezu Nr. 45.

krank (aber eigentlich körperkrank) seien. Aber wer ist denn vollkommen gesund?

In beiden Arten des *Selbstmordes* ist die Sache zuletzt dieselbe: der natürliche Hang zum Leben wird überwunden durch die Unerträglichkeit der Leiden: aber wie, um ein starkes Brett zu brechen, 1000 Unzen nötig sind, während ein schwaches von 1 Unze bricht; so verhält es sich mit dem Anlaß und der Empfänglichkeit. Und am Ende ist es damit wie mit rein physischen Zufällen: eine leichte Erkältung kostet einen Kranken das Leben: aber es gibt Erkältungen, an denen selbst der Gesundeste sterben muß.

Gewiß hat der Gesunde einen viel schwereren Kampf bei Ergreifung des Entschlusses zu bestehn, als der Gemütskranke, dem in den höchsten Graden der Entschluß fast nichts kostet: dagegen aber hat dieser schon eine lange Leidensperiode vorher getragen, bis er so herabgestimmt wurde. Was überall die Sache erleichtert, ist, daß geistige Leiden uns gegen leibliche gleichgültig machen; wie auch diese gegen jene.

Die Erblichkeit der Anlage zum Selbstmord beweist, daß der subjektive Teil der Bestimmung dazu wohl der stärkere ist.〉[76]

Lebensregel Nr. 46

Aristoteles setzt das philosophische Leben als das glücklichste: *Nikomachische Ethik*, X, 7–9.

[76] – – Aus *Foliant*, § 260 [A. Schopenhauer, *Der handschriftliche Nachlaß*, Bd. III, S. 377–379.]

Lebensregel Nr. 47

Zu dem, *was man hat*, gehören hauptsächlich *Freunde*. Doch hat dieser Besitz das eigene, daß der Besitzende im selben Maße der Besitz des andern sein muß. In einem Stammbuch der Könige von Sachsen aus dem 17. Jahrhundert, welches im Jagdschloß Moritzburg liegt, von irgendeinem damaligen Edelmann hingeschrieben:

Amour véritable
Amitié durable
Et tout le reste au diable.

Über die Freundschaft Aristoteles, *Nikomachische Ethik*, X, 8–10, und *Eudemische Ethik*, VII.

Lebensregel Nr. 48

Über die *Glückseligkeit überhaupt* ist lesenswert und schön Aristoteles, *Nikomachische Ethik*, X, 7–10; und *Eudemische Ethik*, VII, 2, 1238a 12 sagt er: ἡ εὐδαιμονία τῶν αὐτάρκων ἐστί *(scil:* ἀνθρώπων) [»Das Glück gehört den Selbstgenügsamen«].

Le bonheur n'est pas chose aisée: il est très difficile de le trouver en nous, et impossible de le trouver ailleurs [»Das Glück ist keine leichte Sache. Es ist sehr schwer, es in uns selbst, und unmöglich, es anderswo zu finden«, Chamfort, *Oeuvres*, Bd. IV, *Caractères et anecdotes*, Imprimerie des Sciences et des Arts, Paris, 1795, S. 433].

Lebensregel Nr. 49[77]

Die Definition eines *glücklichen Daseins* wäre: ein solches, welches, rein objektive betrachtet, – oder (weil es hier auf ein subjektives Urteil ankommt) bei kalter und reifer Überlegung, – dem Nichtsein entschieden vorzuziehn wäre. Aus dem Begriff eines solchen folgt, daß wir daran hingen seiner selbst wegen; nicht aber bloß aus Furcht vor dem Tode; und hieraus wieder, daß wir es von endloser Dauer sehn möchten. Ob das menschliche Leben dem Begriff eines solchen Daseins entspricht oder entsprechen kann, ist eine Frage, die bekanntlich meine Philosophie verneint. Die Eudämonologie setzt jedoch deren Bejahung ohne weiteres voraus.

Lebensregel Nr. 50

Jede Wirklichkeit, d. h. jede erfüllte Gegenwart, besteht aus zwei Hälften, dem Objekt und dem Subjekt, in so notwendigem und wesentlichem Verein, wie das Wasser aus Oxygen und Hydrogen besteht. Bei völlig gleicher objektiver Hälfte, aber verschiedener subjektiver, oder umgekehrt, ist die Wirklichkeit oder Gegenwart nicht mehr die gleiche. Die schönste und beste objektive Hälfte, bei stumpfer, schlechter subjektiver, gibt doch nur eine schlechte Wirklichkeit und Gegenwart; wie eine schöne Gegend bei schlechtem Wetter, oder in einer schlechten *camera obscura* auf unebener Tafel aufgefangen. Die objektive Hälfte steht in der Hand des Schicksals und ist ver-

77 -- Dies müßte § 1 der Eudämonologie sein.

änderlich: die subjektive sind wir selbst: sie ist im wesentlichen unveränderlich.[78] Hieraus ist klar, wie sehr unser Glück abhängt von dem, was *wir sind*, von unserer Individualität, während man meistens nur unser Schicksal und das, *was wir haben*, in Anschlag bringt. Das Schicksal kann sich bessern, und Genügsamkeit verlangt von ihm nicht viel: aber ein Tropf bleibt ein Tropf und ein stumpfer Klotz ein stumpfer Klotz in alle Ewigkeit, und wäre er im Paradies von Huris umgeben. »Das höchste Glück ist die Persönlichkeit« [vgl. Goethe, *West-östlicher Divan*, Buch Suleika, 7. Stück].

[78] -- Aus *Foliant*, § 221, am Rand [A. Schopenhauer, *Der handschriftliche Nachlaß*, Bd. III, S. 346–348].

Eudämonologie[79]

Das, was den *Unterschied* im *Los der Sterblichen* begründet, läßt sich auf drei Punkte zurückführen:[80]

1) Was einer *ist*: d.h. die Persönlichkeit im weitesten Sinne, und begreift Gesundheit, Kraft, Schönheit, moralischen Charakter, Geist und Ausbildung des Geistes.
2) Was einer *hat*: d.h. seine Habe und Besitz.
3) Was einer *vorstellt*: dies besteht in der Meinung andrer von ihm und ist Ruf, Rang und Ruhm.

Auf Nr. 1 beruht der durch die *Natur* gesetzte Unterschied zwischen Menschen, und schon hieraus läßt sich abnehmen, daß er viel wesentlicher und durchgreifender sein wird, als die durch menschliche Einrichtungen hervorgehenden Unterschiede Nr. 2 und 3.[81]

Ohne Zweifel ist der erste Punkt bei weitem der wesentlichste zu seinem Glück oder Unglück. Denn die eigentliche

[79] -- Aus *Foliant*, § 270 [A.Schopenhauer, *Der handschriftliche Nachlaß*, Bd. III, S. 383–386].

[80] -- Aristoteles teilt die Güter (ἀγαθά) in drei: die äußern, die der Seele und die des Leibes, *Nikomachische Ethik*, I, 8.

[81] -- Hieher gehört weiterhin was über die Vorzüge *des Genies* steht *Pandectae*, § 131 [vgl. A.Schopenhauer, *Der handschriftliche Nachlaß*, Bd. IV, Teilbd. 1, S. 206–208].

Hauptsache, die wahre Existenz des Menschen ist offenbar, was eigentlich im Innern des Menschen vorgeht, sein inneres Behagen, welches das Resultat seines Empfindens, Wollens, Denkens ist: bei gleicher Umgebung lebt jeder in einer andern Welt (Mikrokosmos); dieselben Vorgänge von außen affizieren jeden ganz anders: und der Unterschied, der ganz allein durch diese innre Beschaffenheit entsteht, ist viel größer als der, welchen äußere Verhältnisse zwischen verschiedene Menschen setzen. *Unmittelbar* hat es ja jeder nur mit seinen Vorstellungen, Gefühlen, Willensäußerungen zu tun, die Außendinge haben nur Einfluß, sofern sie jene veranlassen: aber in jenen lebt er wirklich: sie machen sein Leben glücklich oder unglücklich.[82]

Ein aus vollkommner Gesundheit und glücklicher Organisation entstehendes *heiteres Temperament*, ein klarer, lebhafter, eindringender, mächtig fassender Geist, ein gemäßigter sanfter Wille sind Vorzüge, die durch keinen Rang und Reichtum ersetzt werden können.

Das Subjektive ist viel wesentlicher als das Objektive, ist hinsichtlich auf Genuß 9/10. Dies gilt von dem »der Hunger ist der beste Koch« bis hinauf zum Leben des Genies oder des Heiligen: den Greis läßt das Mädchen kalt, die dem Jüngling das *summum bonum*.

[83]Weil alles, was für den Menschen da ist und vorgeht,

[82] _ _ Ταράσσει τοὺς ἀνθρώπους [οὐ τὰ πράγματα, ἀλλὰ τὰ περὶ τῶν πραγμάτων δόγματα: »Nicht die Dinge beunruhigen die Menschen, sondern die Meinungen über die Dinge«, Epiktet, *Encheiridion*, Kap. V, in neueren Ausgaben VI].

[83] _ _ Hier Nr. 38.

unmittelbar nur in seinem Bewußtsein da ist und für selbiges vorgeht; so ist offenbar die Beschaffenheit des *Bewußtseins* selbst das Wesentlichste und kommt es viel mehr darauf an, als auf die Gestalten, die darin auftreten. Alle Pracht und Genüsse, abgespielt im dumpfen Bewußtsein eines Tropfs, sind sehr arm gegen das Bewußtsein des *Cervantes*, als er in einem unbequemen Gefängnis den *Don Quixote* schrieb.

Was einer für sich selbst hat, was ihn in die Einsamkeit begleitet, und keiner ihm geben und nehmen kann: dies ist viel wesentlicher als alles, was er besitzt, oder was er in den Augen andrer ist.

Ein geistreicher Mensch unterhält sich in gänzlicher Einsamkeit durch seine eignen Gedanken und Phantasien vortrefflich: während ein Stumpfer Langeweile empfindet trotz beständiger Abwechselung von Schauspielen, Festen und Ausfahrten. – Ein guter, gemäßigter, sanfter Charakter kann bei sehr dürftigen Umständen zufrieden sein; während ein böser, begehrlicher, neidischer Charakter es bei allem Reichtum nicht ist. (Goethe sagt mit Recht im *Diwan*: »Das höchste Glück ist die Persönlichkeit« [vgl. Goethe, *West-östlicher Divan*, Buch Suleika, 7. Stück]. Es ist dem Menschen von außen viel weniger beizukommen, als man wohl meint.) – Wie viele Genüsse sind nicht dem ganz überflüssig, ja nur störend und lästig, welcher beständig den Genuß einer außerordentlichen Individualität hat![84]

[84] -- Sokrates, Horaz [Schopenhauer spielt auf Sokrates' Äußerung angesichts ausgestellter Luxuswaren an: »Wie viele Waren gibt es, derer ich entbehren kann!«, und auf Horaz' Verse: *Gemmas, marmor, ebur,*

Ist demnach das Subjektive, die Persönlichkeit das Wesentlichste, so ist das Schlimme davon andrerseits, daß das Subjektive gar nicht in unsrer Macht steht, sondern unveränderlich für das ganze Leben fest steht;[85] während die andern zwei Hauptpunkte, das Haben und das Vorstellen, doch jedem möglicherweise erreichbar sind. – Das einzige, was hinsichtlich der Persönlichkeit in unsrer Macht steht, ist, daß man sie zum möglichsten Vorteil benutze, also ihr die Art von Ausbildung zukommen lasse, die ihr grade angemessen ist, und jede andre meide, und sich in die Lage, den Stand, Beschäftigung u.s.w. versetze, die dieser Persönlichkeit entsprechen, und zweitens, daß man sich den Genuß derselben erhalte. Dazu ist erfordert Selbsterkenntnis, aus ihr entsteht der erworbene Charakter, wovon im Werk, S. 436 [*Die Welt als Wille und Vorstellung*, Buch IV, § 55, Schluß].[86] Dem zufolge ist viel mehr Gewinn dabei,

Thyrrhena sigilla, tabellas, / Argentum, vestes Gaetulo murice tinctas, / Sunt qui non habeant, est qui non curat habere: »Elfenbein, Marmor, Geschmeide, Thyrrenische Statuen, Bilder, / Silbergerät und Gewänder, gefärbt mit gaetulischen Purpur, / Viele entbehren dergleichen, und einige fragen darnach nicht.« (Horaz, *Epistulae*, II, 2, 180–182)]

85 – – »Du bist am Ende – was du bist. / Setz dir Perücken auf von Millionen Locken, / Setz deinen Fuß auf ellenhohe Socken: / Du bleibst doch immer, was du bist«, Goethe, *Faust* [vv. 1806–1809].

86 – – Vergleiche *Adversaria*, § 299: ‹Überhaupt ist ein Punkt, in welchem wir uns oft versehn, die richtige Abschätzung des Wertes dessen, was man *für sich ist*,

gegen das, was man *für andre ist.* In diesem letzteren liegt alle Gunst, Ehre, Beifall, Ruhm; im ersteren aber die Ausfüllung, unter welcher die Zeit des eigenen Daseins dahin fließt, ob arm und trübselig, mit wenigen elenden Gedanken, oder reich, mit vielen und großen ausgefüllt: Gesundheit und Krankheit, Abhängigkeit oder Freiheit oder deshalb auch Reichtum oder Armut, haben Einfluß darauf. Der Ort, in welchem aber hier alles vorgeht, ist *unser eigenes Bewußtsein.* Hingegen ist der Ort dessen, was wir *für andre* sind, das *fremde Bewußtsein,* die Vorstellung, unter welcher wir darin erscheinen. Dies aber ist etwas, das unmittelbar nicht für uns vorhanden ist, sondern bloß mittelbar, sofern nämlich das Benehmen andrer gegen uns dadurch bestimmt wird. Dieses selbst aber kommt eigentlich nur in Betracht, sofern es Einfluß hat auf das, wodurch das, was wir *für uns* sind, modifiziert werden kann wie oben erwähnt. Außerdem aber ist, was im fremden Bewußtsein an und für sich vorgeht, für uns gleichgültig. [*Anmerkung:* Stellen von Cicero und andern in der Abhandlung von der Ehre.] Wenn nun aber die Erfahrung lehrt, daß die meisten Menschen eben hierauf den größten Wert legen, und ihnen mehr darum zu tun ist, als um das, was im eigenen Bewußtsein vorgeht, und daß sie jenes wirklich für den *realen* Teil ihres Daseins, dieses für den bloß *idealen* halten, während es sich in Wahrheit grade umgekehrt verhält, und offenbar, was im *eignen* Bewußtsein vorgeht, für uns die größte *Realität* hat und dagegen die Vorgänge in einem fremden Bewußtsein für uns *ideal*

sind; so ist diese unmittelbare Wertschätzung dessen, was unmittelbar für uns nicht vorhanden ist, diejenige Torheit, welche man *Eitelkeit, vanitas,* genannt und durch das Wort das leere dieses Strebens bezeichnet hat. – An und für sich hat die Vorstellung, die mein Bewußtsein eine gewisse Zeit hindurch ausfüllt, den größten Wert für mich: denn sie ist mir, für solche Zeit, alles in allem. Hingegen, daß ich weiß, daß eine auf mich beziehende Vorstellung im fremden Bewußtsein eine solche oder solche ist, kann vernünftiger Weise keinen Wert für mich haben, als nur insofern sie sein Handeln leitet und dieses diejenigen (obenerwähnten) äußern Dinge bestimmt, die auf mein eigenes Bewußtsein unmittelbar einfließen. Allein selbst hier ist ihr Einfluß sekundär und untergeordnet: der eigentliche ursprüngliche Gehalt des Geistes ist doch die Hauptsache und gibt unter allen Umständen den Ausschlag: und über den hat nichts Äußeres Gewalt.
Das so häufige Höherschätzen dessen, was man *für andre* ist, als dessen, was man *für sich ist,* muß, weil hier das, was nur mittelbaren Wert hat, zum Nachteil dessen, was unmittelbaren hat, hochgeschätzt wird, zu dem auch sonst häufigen Vergessen des Zwecks über die Mittel gezählt werden. Dergleichen z.B. der *Geiz ist.* [*Anmerkung:* hier die Stellen über Stolz, Eitelkeit, Hochmut. Einiges über Ehre.]〉 [A.Schopenhauer, *Der handschriftliche Nachlaß*, Bd.III, S.653–654]. Hieher Nr.38 und Nr.24.

wenn man seine Kräfte zur Ausbildung seiner Persönlichkeit als wenn man sie zur Erwerbung von Glücksgütern verwendet. Nur darf letzteres nie so vernachlässigt werden, daß es zur Armut führe, und dann muß die Ausbildung der Individualität angemessen sein: vieles Wissen macht den beschränkten, gewöhnlichen Menschen noch dümmer, unbrauchbar, ungenießbar; der außerordentliche Kopf gelangt aber erst durch Erwerbung der ihm angemessnen Kenntnisse zum Genuß seiner Individualität. Viele Reiche sind unglücklich, weil sie ohne Kenntnis sind: und doch ist in der Regel jeder mehr bemüht, zu erwerben, als sich zu bilden: während was man *ist* viel mehr zum Glück beiträgt als was man *hat*!

Denn die Persönlichkeit begleitet ihn überall und zu jeder Stunde; ihr Wert ist absolut und nicht relativ wie die zwei andern Punkte: sie gewährt sogar der eigenen Wertschätzung, die so wesentlich zu unserm Glück ist,[87] eine viel solidere Nahrung als die Rubrik 3: sie ist nicht wie Nr. 2 und 3 dem Glück d.i. dem Zufall unterworfen, kann ihm also nicht entrissen werden, wie sie umgekehrt nicht erworben werden kann. Bloß die Zeit, das Alter vermindert sie, jedoch mit Ausnahme des moralischen Charakters: das übrige unterliegt ihr notwendig; das ist der einzige Punkt, worin Nr. 2 und 3 den Vorzug haben. Jedoch wie das Alter die Geistesfähigkeiten vermindert, so

87 – – *Quia omnis animi voluptas omnisque alacritas in eo sita est ut quis habeat quibuscum conferens se, possit sentire magnifice de se ipso* [»Alle Herzensfreude und alle Heiterkeit beruht darauf, das man Menschen habe, im Vergleich zu welchen man hoch von sich selbst denken kann«, Hobbes, *De cive*, I, 5].

vermindert es auch die Leidenschaften, welche Qual verursachen.

Nr. 2 und 3 haben einige Wechselwirkung. *Habes, haberis* [»Hast du, so giltst du«, Petronius, *Satyricon*, LXXVII, 6] und umgekehrt [kann] die Meinung andrer zum Besitz verhelfen.[88]

Nur Narren werden den Rang dem Besitz vorziehn. Der Wert des Besitzes ist in unsern Tagen so allgemein anerkannt, daß er keiner Empfehlung bedarf. Mit ihm verglichen hat Nr. 3 eine sehr ätherische Beschaffenheit. Er ist im Grunde die Meinung andrer: Ihr unmittelbarer Wert ist problematisch, beruht auf unsrer Eitelkeit. Es gibt Fälle, wo man sie verachten muß. Ihr mittelbarer Wert kann sehr groß werden, da unser Besitz und unsre persönliche Sicherheit oft von ihr abhängen. Man muß beides unterscheiden.

Was man vorstellt, d.h. die Meinung andrer von uns, scheint schon auf den ersten Blick als unserm Glück unwesentlich: daher Eitelkeit, *vanitas*. Jedoch liegt es in der menschlichen Natur, daß wir großen Wert darauf legen. Es ist kaum erklärlich, wie sehr jeder Mensch sich innerlich freut, so oft er Zeichen der günstigen Meinung andrer merkt, und seine Eitelkeit irgendwie geschmeichelt wird: oft tröstet er sich über reales Unglück, oder den Mangel der Güter Nr. 1 und 2, durch Zeichen fremden Beifalls: und umgekehrt ist es zum Erstaunen, wie sehr jede Verletzung seiner Eitelkeit ihn kränkt, jede Zurücksetzung, Geringschätzung. Hierauf beruht das Gefühl der Ehre.[89] Und diese Eigenschaft mag für das Wohlverhalten sehr

[88] -- Hier Nr. 47.

[89] -- (Siehe Abhandlung über Sexual-Ehre: *Spicilegia*, S. 188).

förderlich sein, als Surrogat der Moralität. Einem denkenden Menschen ziemt es jedoch, dieses Gefühl möglichst zu mäßigen, sowohl wann ihm geschmeichelt wird als wann ihm wehe geschieht. – Denn das hängt zusammen. Sonst bleibt er in einer traurigen Sklaverei unter fremder Meinung. – *Tam leve tam parvum est animus quod laudis avarum subruit aut reficit* [»So ein lästiges, winziges Ding ist es, was einen ehrgeizigen Sinn niederdrückt oder aufrichtet!«, Horaz, *Epistulae* II, 1, vv. 179–80].

Nach Ruf, d.i. gutem Namen, muß jeder streben: nach Rang bloß die, so dem Staate dienen: nach Ruhm im höhern Sinn dürfen nur äußerst wenige streben.

[Bei dieser Seitenangabe hat sich Schopenhauer verschrieben, denn die angegebene Manuskriptseite handelt von ganz anderem Stoff. Der Verweis gilt offenbar der *Skitze einer Abhandlung über die Ehre* (1828) in den *Adversaria*, die ein Kapitel über die Sexualehre enthält; vgl. A. Schopenhauer, *Der handschriftliche Nachlaß*, Bd. III, S. 472–496, besonders 478–480; vgl. auch A. Schopenhauer, *Der handschriftliche Nachlaß*, Bd. III, S. 164].

Ausstattung Juergen Seuss, Niddatal bei Frankfurt am Main.
Satz (Monotype) und Buchdruck bei Offizin Haag-Drugulin in Leipzig.
Als Schrift wurde die Korpus Didot (10T3) verwendet.
Das Papier ist ein 120 g schweres Alster-Werkdruck
von Geese, Hamburg.
Es ist alterungsbeständig (säurefrei) und aus chlorfrei
gebleichtem Zellstoff hergestellt.
Bindearbeit bei Realwerk G. Lachenmaier in Reutlingen.
Printed in Germany

ISBN 3 406 44673 6

Bilder des Umschlages
links: Jugendbild nach dem Stich von O. Schulz
(Gemälde von Sigismund Rühl, 1815)
rechts: Nach der Kreidezeichnung von
Jules Lunteschütz, 1855

Buchanzeigen

DAS LEBEN DES LAZARILLO VON TORMES – – Seine Freuden und Leiden. Mit zehn Bildern von Michael Mathias Prechtl. 1992. 116 Seiten mit 10 farbigen Abbildungen. Leinen. – – // – – »Michael Mathias Prechtl hat zu den kritisch-komischen Episoden des Buches Bilder gezeichnet, die genauso bissig und hinterfotzig sind wie Lazarillos Lebensroman. Dreist und prall sind die barocken Figuren darauf in Szene gesetzt.« – *(Deutsches Allgemeines Sonntagsblatt)*. // – – »Eine Augenweide und ein unvergeßliches Lesevergnügen.« – *(Abendzeitung)*.

THOMAS MORUS – – **UTOPIA** – – Ein wahrhaft kostbares und ebenso bekömmliches wie kurzweiliges Buch über die beste Staatsverfassung und die neue Insel Utopia. Mit 16 zeitnahen Bildern von Michael Mathias Prechtl. 1997. 202 Seiten mit 16 ganzseitigen Abbildungen. Leinen. – – // – – »Der liebevoll gestaltete Band garantiert ein optisches Vergnügen und satirische Aha-Effekte.« – *(Nürnberger Nachrichten)*. // – – »Ein wahrhaft kostbares und ebenso bekömmliches und kurzweiliges Buch – der Band hält, was der Titel verspricht. Kurzweilig ist die kongeniale Neuübersetzung von Gerhard Ritter, kostbar sind die Illustrationen von Michael Mathias Prechtl.« – *(Deutsches Allgemeines Sonntagsblatt)*.

VERLAG C.H.BECK MÜNCHEN